Miriam Schultze · Andreas Müller · Ulrich Wacker

MONETEN, KOHLE, KIES UND SCHOTTER

Kinder begreifen die Welt der Wirtschaft
durch kindgerechte Informationen,
spannende Geschichten, Spiele,
Bastelanregungen und Aktionsvorschläge

Illustrationen: Kerstin Heinlein

Ökotopia Verlag, Münster

Impressum

AutorInnen   Miriam Schultze, Andreas Müller, Ulrich Wacker

Illustratorin   Kerstin Heinlein

Lektorin   Barbro Garenfeld

Satz   Studio Bandur, Idstein-Wörsdorf

ISBN   3-931902-99-4

1 2 3 4 5 6 7 8 9 · 09 08 07 06 05 04 03 02

Inhaltsverzeichnis

Wirtschaftliche Zusammen-hänge sind auch für Kinder interessant

Von Luft und Liebe allein kann keiner leben. Alle Menschen bekommen über kurz oder lang Durst und Hunger, brauchen ein Dach über dem Kopf und etwas zum Anziehen. Dafür müssen sie arbeiten. Denn die meisten Dinge, die wir Menschen heute zum Leben brauchen, gibt es in der Natur nicht. Oder wachsen etwa Autos auf Bäumen, grast die Eisenbahn auf einer Wiese und sprießt Eis am Stiel auf dem Feld?

Damit wir jeden Tag wie selbstverständlich all die Dinge um uns herum benutzen können, damit wir uns waschen, anziehen, Radio hören, in den Kindergarten oder die Schule kommen, zu Mittag essen, spielen, schreiben, kommunizieren können, müssen viele Menschen Hand in Hand arbeiten, gemeinsam schöpferisch sein. Sie reden miteinander, erstellen Pläne, machen sich die Natur zunutze, streiten und vertragen sich wieder. Und am Ende muss etwas herauskommen, das wir auch tatsächlich gebrauchen können. Seife, die nicht reinigt, ein Radio, das keine Sender empfängt, ein Bus, der immer liegen bleibt, Essen, das nicht schmeckt und nur gesund ist, ein Füller, der immer ausläuft und ein Telefon, das nur „tuuuut" macht, sind wohl kaum Dinge, die nützlich sind. Damit das Geschaffene aber funktioniert, müssen sich die Menschen sehr anstrengen und oft lange von Zuhause wegbleiben. Und damit sind wir schon bei zwei wichtigen Themen der Wirtschaft: Energie und Zeit. Beides kostet in der Regel Geld und deshalb streben die meisten Menschen danach, möglichst wenig davon zu verbrauchen.

Heute reden alle von Wirtschaft, Ökonomie. Sie bestimmt unser Leben von klein auf bis – kaum zu glauben – über den Tod hinaus. Wirtschaftliche Zusammenhänge verstehen zu lernen, Begriffe zu erläutern und letztlich der Frage nachzugehen, wie Wirtschaft funktioniert, ist Gegenstand unseres Buches.

Wirtschaft ist das Handeln von Menschen miteinander und auch gegeneinander, und Kinder sind ein Teil dieser Handlungen. Kinder betrifft die wirtschaftliche Wirklichkeit innerhalb als auch außerhalb der Familie. Kinder bekommen schon sehr früh mit, worauf es in der Gesellschaft ankommt, nämlich Arbeit zu haben, um Geld zu verdienen. Mit Geld können wir uns – oberflächlich gesehen – all die Wünsche erfüllen, die wir glauben, befriedigen zu müssen, auf der ständigen Suche nach Glück. Eine glitzernde Glamourwelt in Werbung und TV tut ihr Übriges, Kinder glauben zu machen, dass wir nur dann wirklich glücklich sind, wenn wir möglichst viele Dinge besitzen.

Kinder beobachten, dass manche Eltern reich sind, andere wiederum arm, weil sie z. B. keine Arbeit haben. Die einen Eltern arbeiten den ganzen Tag und haben viel Geld, dafür aber keine Zeit. Soziale Unterschiede nehmen Kinder v. a. im Umgang mit anderen Kindern wahr. Die einen Kinder erhalten Musikunterricht und müssen nicht immer die abgelegten Kleider ihrer älteren Geschwister auftragen. Andere Kinder dürfen nicht mit auf Klassenfahrt, weil ihre Eltern es sich einfach nicht leisten können. Jedes siebte Kind in Deutschland lebt von Sozialhilfe. Kinder müssen sehr früh eigenständig mit Geld umgehen, sie werden immer früher mit den Anforderungen ihrer Konsumentenrolle konfrontiert. Das haben inzwischen auch die Politiker und Unternehmer bemerkt. Viele bedauern die Konsumgier unserer Kinder und die zunehmende Konkurrenz unter ihnen. Aber Politiker fordern auch, Wirtschaft als Unterrichtsfach in allen Schulen einzuführen, damit sich unsere Kinder später in ihrer Welt besser zurechtfinden und behaupten können.

All die o. g. Aspekte führen uns in der Auseinandersetzung mit dem Thema Wirtschaft für Kinder zu weiteren philosophischen und politischen Fragen, denen wir in diesem Buch Beachtung schenken. Letztlich steht da auch die Frage nach Glück. Was ist das, Glück? Und macht uns Reichtum immer glücklich?

Dieses Buch besteht aus ausführlichen Informationstexten, spannenden Geschichten zum Vorlesen und spielpädagogischen Projektvorschlägen. Die Aktivitäten sollen die Kinder für einen kritischen Umgang mit wirtschaftlichen Themen sensibilisieren, andererseits erhalten sie so einen kreativen Zugang zu einem relativ komplexen Thema.

Wir hoffen, dass unser Buch einen Beitrag zur Orientierung der Kinder leistet, dort, wo sie mit dem Wirtschaften von Menschen zwangsläufig konfrontiert werden. Wirtschaft hilft uns die Welt und die Menschen besser zu verstehen. Das gilt sowohl für die Bereiche des öffentlichen Lebens wie für die privaten. Denn Wirtschaft hat nicht nur mit Zahlen und Formeln zu tun, sondern auch mit Familie, Politik, Bürokratie, Geschichte und Kriminalität.

Zu guter Letzt danken wir all unseren Freundinnen und Freunden von ganzem Herzen, die uns über viele Wochen als hilfreiche Babysitter unterstützt haben, damit wir dieses Buch fertig stellen konnten.

Schotter, Asche, Kies und Moos – das Geld

„Über Geld spricht man nicht!" – behauptet eine uns allen geläufige Redensart. Dabei kennen wir viele Wörter für das, worüber „man" eigentlich nicht spricht: Kohle, Mäuse, Moneten, Schotter, Kies und Knatter etc. Ob wir es wollen oder nicht, Geld regiert unser aller Leben. Geld bestimmt die Beziehungen der Menschen zueinander, denn Geld ist das wichtigste Mittel des wirtschaftlichen Handelns zwischen den Menschen. Mit Geld können wir bei anderen Waren eintauschen, die wir für unser tägliches Leben benötigen. Essen, Trinken, Kleidung und Wohnung – alles kostet Geld. Darüber hinaus bezahlen wir nicht nur Gegenstände, sondern auch Dienstleistungen. Ein Haarschnitt beim Friseur, eine Behandlung beim Arzt kostet genauso Geld wie das Parken in einem Parkhaus oder das Ausleihen eines Films aus der Videothek. Wir bezahlen für Arbeiten, die wir selbst nicht erledigen können. Denn schließlich sind wir nicht in allen Bereichen Experten.

Warum ist Geld so wichtig? Und was ist das Besondere daran? Bis jetzt kann noch niemand genau sagen, seit wann die Menschen Geld haben und wer es erfunden hat. Aber wir wissen heute, dass die Menschen schon immer die sonderbarsten Dinge als Zahlungsmittel benutzt haben, weil sie sich der Bedeutung des Geldes stets bewusst waren. Sie erklärten Fische, Salz, Tee, Muscheln oder gigantische Steinscheiben zum allgemein gültigen Zahlungsmittel. Daran können wir erkennen, dass es eigentlich völlig egal ist, aus was Geld besteht. Das wichtigste Merkmal des Geldes ist eben, dass es sich um eine gemeinsame Idee der Menschen handelt. Wir legen den Wert des Geldes fest, und das klappt nur, wenn sich alle daran halten.

Bevor das erste Geld erfunden wurde, waren die Menschen auf Tauschgeschäfte angewiesen. Wer von einer Sache reichlich besaß, suchte sich jemanden, dem dies fehlte. Vielleicht erhielt er oder sie dann etwas, von dem er oder sie wiederum nichts besaß. Das wäre dann die optimale Lösung. Doch so einfach war das leider meistens nicht. Probleme gab es, wenn der/die andere die Waren gar nicht brauchte, sondern etwas ganz anderes haben wollte, man selbst aber auf die Ware angewiesen war. So mussten sich die Menschen zu mehreren zusammentun und so lange um die Ecken herum tauschen, bis jeder das hatte, was ihn zufrieden stellte. Irgendwann war den Menschen wohl klar, dass es einfacher ist, wenn sie sich auf ein einheitliches Zahlungsmittel einigten. Mit Geld kann jeder die Waren und Dienstleistungen direkt und ohne große Umwege kaufen, die er wünscht. Erst die Existenz von Geld macht es uns möglich, den Wert verschiedener Waren und Dienstleistungen miteinander zu vergleichen. Für 5 Euro können wir uns z. B. einen Film im Kino ansehen, vielleicht ein Taschenbuch oder ein kleines Stofftier kaufen. 5 Euro kostet aber auch eine Stunde Babysitten. Gäbe es kein Geld, bekäme dann der Babysitter vielleicht einen Sack Kartoffeln. Wer aber keine Kartoffeln braucht, sondern viel lieber ins Kino gehen möchte, müsste versuchen, den Kartoffelsack im Kino abzugeben, um dafür den Film zu sehen. Mit Geld ist das alles natürlich viel einfacher, vorausgesetzt die Ware oder Dienstleistung wird angeboten.

Sparen und Zinsen

Geld, das wir besitzen und nicht ausgeben wollen, sparen wir. Wir sammeln es, bis wir uns dafür etwas kaufen wollen. Entweder bringen wir unser Geld zur Bank, damit sie es für uns auf einem Sparkonto aufhebt, oder wir bewahren unser Geld zu Hause in einer Sparbüchse auf. Wenn wir unser Geld der Bank leihen, und das tun wir, indem wir das Geld dort auf unserem Sparbuch hinterlegen, bekommen wir sog. Zinsen dafür. Die Bank bewahrt unser Geld nämlich nicht irgendwo in einer Schublade auf, sondern benutzt es so lange, bis wir es wiederhaben wollen. Zinsen müssen auch diejenigen Personen an eine Bank zahlen, die sich von der Bank Geld leihen, wenn sie z. B. einen Kredit aufnehmen. Die Höhe der Zinsen bemisst sich immer an der Höhe der geliehenen Geldsumme. Wer viel Geld auf seinem Sparbuch hat, bekommt entsprechend viele Zinsen dafür.

Ein Sparschwein basteln

Schon für die Germanen war das Schwein ein heiliges Tier, das Wohlstand versprach. Aus diesem Grund sehen Sparbüchsen häufig wie Schweinchen aus.

Material: 1 Luftballon, 4 Pappröhren (z. B. Toilettenpapierrollen), Klebeband, alte Zeitungen, 1 Schüssel, Wasser, Tapetenkleister, Plakafarbe, Pinsel, Messer
Alter: ab 5 Jahren

Den Luftballon aufblasen.
Mit Klebeband die vier Papprollen so an den aufgeblasenen Ballon kleben, dass dieser wie auf vier Beinen steht.
Zeitungen in kleine Stücke zerreißen.
Den Tapetenkleister mit Wasser in einer Schüssel anrühren, bis dieser eine dickflüssige Konsistenz hat.
Die Zeitungsfetzen in den Tapetenkleister tauchen und den Ballon samt Pappröhren rundherum in ungefähr 3 – 4 Schichten bekleben.

Ohren, Mund und Schwanz ebenfalls aus in Tapetenkleister getunkten Zeitungsschnipseln formen und an den Körper kleben.
Etwa einen Tag trocknen lassen.
Nach dem Trocknen mit Plakafarbe bemalen.
Mit dem Messer in den Rücken einen Schlitz für den Geldeinwurf schneiden.

Variante

Es muss ja nicht immer ein Sparschwein sein. Wie wäre es mit einem Sparlöwen, einer Spargiraffe oder einem Sparhund?

Sparstrumpf

Von älteren Menschen wissen wir, dass es früher üblich war, Geld in einem Sparstrumpf unter der Matratze aufzubewahren. Das schien der sicherste Ort zu sein. Mit Wolle, Federn und Knöpfen lässt sich ein fantasievoller Sparstrumpf selbst kreieren.

Material: pro Kind 1 alter Strumpf, dicke Stopfnadeln, Scheren, Knöpfe, Federn, Perlen, Wollreste, Filz, Klebstoff, evtl. Papier und Bunt- oder Filzstifte
Alter: ab 6 Jahren (mit Variante für Kinder ab 3 Jahren)

Je nach Wunsch schmücken die Kinder den Strumpf mit Federn, Perlen, Wollresten und Knöpfen. Zwei Knöpfe verpassen dem Strumpf z. B. Augen und aus angenähten Wollfäden wird eine Frisur. So basteln die Kinder kleine Sparstrumpfpuppen.

Tier-Variante

Mit etwas mehr Mühe entsteht aus dem Strumpf ein lustiges Sparstrumpftier. Für ein Krokodil wird z. B. ein grüner Strumpf benötigt. Auf seinen Rücken werden aus grünem Filz geschnittene Dreiecke geklebt, weiße Filzdreiecke bilden seine gefährlichen Krokodilszähne.

Gemusterte Variante

Wer dem Strumpf kein Gesicht verleihen möchte, kann ein schönes Muster mit den genannten Materialien auf den Strumpf kleben oder nähen. Der Fantasie sind keine Grenzen gesetzt.

... für Kinder ab 3 Jahren

Wer noch nicht so geschickt im Nähen ist, kann Augen, Mund und Nase auf Filz aufmalen, ausschneiden und mit Klebstoff auf den Strumpf kleben.

... zum Aufhängen

Wer seinen Sparstrumpf nicht unter der Matratze aufbewahren möchte, näht mit Wolle und Nadel eine kleine Schlaufe an den Strumpf und hängt ihn an die Wand.

... zum Spielen

Wenn gerade mal kein Geld im Sparstrumpf gespart wird, können ihn die Kinder auch als Handpuppe benutzen! Wie wäre es mit einem wilden Löwen, einem gefräßigen Tiger oder einem zotteligen Pony?

Wie die Monetanier Geld kennen lernten

Etwa 100 Lichtjahre von uns entfernt gibt es einen Planeten mit dem Namen Monetanien. Die Monetanier sehen uns Menschen eigentlich ziemlich ähnlich bis auf ihre grüne Hautfarbe. Na ja, und vielleicht sind sie auch ein bisschen größer gewachsen und – sie lieben Eiscreme über alles. Aber das tun viele Menschen bei uns ja auch. Auf Monetanien sieht es fast so aus wie auf unserer Erde. Es wachsen dort Bäume und Pflanzen, es gibt Seen und Meere. Aber das Besondere ist, dass es dort überhaupt kein Geld gibt. So war das bis vor kurzem jedenfalls ...

Früher, vor vielen 1000 Jahren, stellte das für die Monetanier kein großes Problem dar. Damals gab es noch keine Kinos, keine Eiscreme und auch noch keine Eisenbahnen und Flugzeuge. Die meisten Monetanier lebten seinerzeit in Berghöhlen und kleinen aus Ästen und Zweigen gebauten Hütten am Rande der Wälder. Jeder einzelne Monetanier stellte seine Kleidung aus Tierfellen selber her, und wenn die Monetanier Hunger hatten, machten sie sich auf die Suche nach etwas Essbarem im Wald. Manchmal fanden sie ein paar Beeren und Pflanzen, manchmal erlegten sie ein kleines Tier. Die Kinder der Monetanier spielten mit Steinen, Zweigen und Tannenzapfen und eben allem, was so herumlag. Eine Schule oder einen Kindergarten gab es damals noch nicht und alles Lebensnotwendige konnten ihre Eltern ihnen beibringen. Die erwachsenen Monetanier mussten noch nicht zur Arbeit gehen, um Geld zu verdienen – da es ja keines gab. Alles, was sie zum Leben benötigten, konnten sie selbst herstellen oder sammeln.

So vergingen viele Jahre. Eines Tages aber machten sich ein paar Monetanier auf den Weg, die anderen Gebiete ihres Planeten zu erforschen. Sie verließen ihre Berghöhlen, um Monetanien zu erkunden. Ihre schönste Entdeckung dabei war, dass sie andere Monetanier trafen. Weil sie sich so darüber freuten, andere Monetanier zu treffen, machten sie den neuen Freunden Geschenke. Sie schenkten ihnen z. B. eines ihrer heiß geliebten Bärenfelle. Die Beschenkten freuten sich sehr darüber und wollten den Gästen ihrerseits ein Geschenk machen. Natürlich musste es etwas Besonderes sein, etwas, was die Fremden noch nicht kannten, z. B. eine Kette aus Tigerzähnen.

Es begann ein reger Tauschhandel. Sie machten sich nicht mehr nur gegenseitig Geschenke, sondern begannen Dinge zu tauschen, von denen einer mehr hatte als der andere, gegen Sachen, die dem anderen wiederum fehlten.

Die Monetanier taten sich zusammen. Es entstanden die ersten Dörfer und Städte. Sie begannen Tiere zu züchten und Ackerland zu bepflanzen. Ein paar Bewohner von Monetanien lebten in den großen Städten, während die anderen auf dem Land wohnten. Die Monetanier vom Land konnten genügend Obst, Getreide und Gemüse für alle herstellen. Aber sie wollten auch etwas dafür aus der Stadt bekommen. Die Städter hatten nämlich mittlerweile einige neue Werkzeuge erfunden und konnten jetzt Stoffe weben, Tassen und Teller herstellen und Boote bauen. Jeden Samstag reisten die Monetanier vom Land mit ihren Lebensmitteln und ihren Tieren in die Stadt, wo sich alle auf dem größten Platz zum Tauschen trafen.

Das Tauschen war eine langwierige und komplizierte Angelegenheit, denn je mehr Dinge die Monetanier erfunden hatten, um so größer und ausgefallener wurden ihre Wünsche. Nicht jeder von ihnen bot jene Dinge zum Tausch an, die einem anderen Monetanier fehlten. So hatte der eine genügend Kartoffeln, aber keinen Wasserkrug. Der Töpfer, der die Wasserkrüge herstellte, brauchte jedoch überhaupt keine Kartoffeln, weil er sie immer von seinem Bruder bekam, der auf dem Land wohnte. Also musste der Kartoffelbesitzer herumfragen, gegen welche Waren er seine Kartoffeln tauschen konnte. Vielleicht tauschte er sie mit anderen Monetaniern gegen Dinge, die er selber auch nicht brauchte, nur um sie dem Töpfer anzubieten, damit dieser endlich einen Wasserkrug herausrückte.

Ihr könnt euch vorstellen, dass die Monetanier auf diese Weise viel Zeit damit verbrachten, Waren hin und her zu tauschen, um endlich das zu bekommen, was sie eigentlich brauchten. Und das besserte sich auch nicht, denn die Monetanier erfanden immer mehr Dinge und immer mehr Berufe. Nur eines, das erfanden sie nicht: das Geld. Sie hatten jetzt Fahrräder, Kinos, Autos und Eisdielen. Wir wissen ja, wenn wir ins Kino möchten, dann bezahlen wir an der Kinokasse mit Geld und können uns den gewünschten Film ansehen. Aber ein Monetanier, der musste erst einmal mit dem Kinobesitzer verhandeln, für welche Waren er ins Kino gelassen wurde. Das führte dazu, dass sich vor den Kinos immer riesige Schlangen von Monetaniern bildeten, die alle ganz verschiedene Gegenstände mitgebracht hatten. Manche riefen auch dem Kinobesitzer Sätze zu wie etwa: „Du brauchst unbedingt einen neuen Haarschnitt! Ich kann dir die Haare schneiden!" oder „Willst du morgen mit dem Taxi fahren? Dann lass mich jetzt den Film gucken!". Und vor den Eisdielen, den Spielzeuggeschäften und den Bushaltestellen sah es nicht viel anders aus. Überall standen Monetanier mit Tauschgegenständen oder priesen ihre Dienste an.

Die Monetanier merkten, dass sie irgendetwas ändern mussten. So konnte es auf gar keinen Fall weitergehen! Eines Tages rief der König von Monetanien alle seine Berater zusammen und legte eine Notstandskonferenz ein. „Wir müssen etwas tun! Diese Tauschtortouren sind nicht zum Aushalten!", teilte er ihnen mit. „Fragt die Menschen vom Planeten Erde um Rat!"

So ging eines Tages ein verzweifelter Notruf bei dem Dienststellenleiter in einer staatlichen Behörde der Erde ein mit der Bitte, einen Spezialisten für Wirtschaftsfragen nach

Monetanien zu schicken. Prof. Dr. Ökonominus, anerkannter Wirtschaftsexperte, meldete sich freiwillig, um diese abenteuerliche Dienstreise anzutreten. Noch am selben Abend bestieg er eines der neuesten und modernsten Raumschiffe seiner Zeit und begab sich nach Monetanien.

Drei Monate später erreichte Prof. Dr. Ökonominus den anderen Planeten. Mit großem Jubel wurde er von den Monetaniern empfangen. Als er jedoch die vielen Monetanier vor den Kinos und Eisdielen sah, in einfachen Handkarren ihre Tauschgegenstände mit sich herumschleppend, erkannte er schnell das Problem.

„Was ihr braucht ist Geld!", verkündete er.

„Geld? Was ist das?", fragten die Monetanier erstaunt.

Prof. Dr. Ökonominus bestieg das kleine Podest, das die Monetanier auf dem Marktplatz für ihn errichtet hatten und sprach ins Mikrophon: „Bisher tauscht ihr Waren gegen Waren. Weil ihr euch nicht mehr alleine versorgen könnt, seid ihr auf das Tauschen angewiesen. Die Bauern unter euch können zwar ihre eigenen Produkte, nämlich Lebensmittel essen. Die Töpfer, Schuster und Ärzte können das aber nicht. Und ihr seht, dass das direkte Tauschen auch sehr anstrengend und v. a. sehr zeitaufwändig ist. Ihr braucht eine andere Lösung, um miteinander zu handeln. Ihr braucht ein einheitliches Zahlungsmittel. Wir Menschen vom Planeten Erde nennen so etwas Geld!"

Der Monetanier Bertram drängelte sich durch die versammelte Menge nach vorne zum Podest. „Welchen Nutzen hat denn so ein Geld?", fragte er. Prof. Ökonominus musste nicht lange überlegen. „Mit Geld könnt ihr Waren kaufen, ihr könnt damit etwas bezahlen und ihr könnt es aufbewahren und sparen", antwortete er. „Außerdem könnt ihr damit den Wert von Dingen vergleichen. Welche Gegenstände ihr zum Geld erklärt, ist egal. Wichtig ist, dass es eure gemeinsame Idee ist und ihr euch alle daran haltet, dass ihr von nun an eure Waren mit Geld bezahlt", fuhr der Professor fort. Ein Raunen ging durch die Menge. „Dann können wir ab jetzt z. B. Kieselsteine zum Geld erklären und damit bezahlen?", fragte Bertram erstaunt. „Oder Gummibärchen, Haselnüsse oder Schokoladenkekse?", riefen jetzt andere Monetanier. „Nein, nein!", entgegnete Prof. Ökonominus, „wenn einfach jeder von euch nur ein paar Kieselsteine sammeln muss, um an Geld zu kommen, hat das Geld keinen Wert. Den Wert des Geldes bestimmt ihr zwar allein durch euren Glauben daran, aber Geld darf nicht einfach nachzumachen sein und es sollte auch nicht an jeder Straßenecke liegen wie Kieselsteine."

Allmählich begannen die Monetanier zu verstehen. Doch es vergingen noch viele Stunden und Tage, bis Prof. Ökonominus die Monetanier vom Nutzen des Geldes überzeugt hatte. Aber da die Monetanier den Menschen sehr ähnlich sind, bis vielleicht auf ihre grüne Hautfarbe und der Tatsache, dass sie ein kleines bisschen größer gewachsen sind, wird die Entwicklung des Geldes auf Monetanien ähnlich verlaufen sein wie auf dem Planeten Erde.

Tauschparty

Als es noch kein Geld gab, waren die Menschen auf Tauschgeschäfte angewiesen. Eine Tauschparty vermittelt das Prinzip des Tauschens auf spielerische Weise und ist sowohl für Kinderfeste wie auch für Projekttage geeignet.

Material: 1 Gegenstand oder kleines Geschenk pro Kind (z. B. 1 schöner Stift, 1 kleine Figur, 1 Süßigkeit), Geschenkpapier, Würfel, Eieruhr
Alter: ab 5 Jahren

Vorbereitung
Jedes Kind bringt einen Gegenstand mit, den es tauschen möchte. Die Kinder packen die Tauschobjekte in Geschenkpapier ein.

Spielregeln
Die Kinder setzen sich in einen Kreis und legen die verpackten Tauschobjekte in die Mitte.
Sie würfeln im Uhrzeigersinn.
Hat ein Kind die Zahl 6 gewürfelt, darf es sich eines der Päckchen nehmen und öffnen.
Es scheidet damit zunächst aus.
Die Kinder würfeln so lange, bis jedes Kind ein Päckchen bekommen hat.
Sind die Tauschgegenstände verteilt und für alle sichtbar, beginnt das eigentliche Tauschen.
Mit der Eieruhr wird eine Zeit festgelegt, in der getauscht werden soll.
Empfehlenswert sind etwa 15 Minuten.
Ältere Kinder dürfen auch länger tauschen.

Tauschzwang

Nachdem jedes Kind bereits ein Päckchen erwürfelt hat, würfeln die Kinder erneut der Reihe nach im Uhrzeigersinn.
Immer, wenn ein Kind eine 6 gewürfelt hat, muss es seinen Gegenstand mit dem eines anderen Kindes tauschen.
Es kann zwar selbst bestimmen, mit wem es tauschen will, aber der Tausch ist jetzt Pflicht.
So muss es auch dann tauschen, wenn es seinen Gegenstand eigentlich lieber behalten möchte.
Wieder wird einen Zeit festgelegt und auf der Eieruhr eingestellt.
Da die Zeit drängt und oft getauscht werden soll, muss schnell und zügig gewürfelt werden.
So kommt Spaß und Bewegung ins Spiel.
Erklingt die Uhr, ist das Tauschen beendet und jedes Kind darf bzw. muss den Gegenstand behalten, den es zu diesem Zeitpunkt besitzt.

Wer will das schon?

Besonders lustig wird das Spiel, wenn z. B. nur besonders hässliche Gegenstände zum Tausch angeboten werden. Das kann eine scheußliche Vase sein, die eine Tante aus ihrem letzten Sommerurlaub mitgebracht hat, ein kitschiges Bild oder ein gehäkelter Topflappen, den niemand mehr benutzen möchte.

Steine, Felle, Muscheln und Tiere – das Naturalgeld

Bevor es Münzgeld und Geldscheine gab, bezahlten die Menschen mit Gegenständen aus der Natur, z. B. mit Steinen, Tieren, Zähnen oder Fellen. Daher bezeichnen wir dieses erste Zahlungsmittel auch als Waren- oder Naturalgeld. Voraussetzung für diese Art der Zahlungsmittel war natürlich, dass sich die Menschen vorher darüber geeinigt hatten, mit welchen Dingen sie bezahlen wollten. Sonst hätten sie keinerlei Vorteil gegenüber dem bis dahin praktizierten Tauschhandel gehabt, bei dem die Tauschpartner immer individuell festgelegt haben, was sie tauschen wollten. Natürlich musste es sich bei dem Naturalgeld auch um seltene und somit wertvolle Gegenstände handeln. Das war von Land zu Land und von Region zu Region verschieden, denn nicht überall auf der Erde sind alle Gegenstände gleich selten und gleich wertvoll. In Gegenden, in denen Muscheln zuhauf am Strand herumliegen, macht es wenig Sinn, Muscheln als Zahlungsmittel einzuführen. Für etwas, das alle einfach vom Strand einsammeln können, würde kein Verkäufer seine kostbaren Waren herausrücken.

In Westafrika benutzten die Menschen lange Zeit Stoffe, Armreife und Federn als Zahlungsmittel. Sogar mit Elefantenhaaren konnte ein Afrikaner einkaufen gehen. Weil den Elefanten ja so gut wie gar keine Haare wachsen, handelte es sich hierbei um etwas wirklich Seltenes und somit Wertvolles. Das übliche Zahlungsmittel in Island waren Fische. Für vier Fische konnte sich ein Isländer z. B. ein Paar Lederhandschuhe kaufen. In Europa zahlten die Leute zunächst mit Rindern und Ziegen. Wer viele solcher Tiere besaß, galt als sehr wohlhabend. Das Zahlungsmittel der amerikanischen Ureinwohner waren dicke gewebte Wolldecken, in Asien zahlten die Leute mit Tee. Die Asiaten trockneten den Tee, zerhackten ihn und pressten ihn mit Wasserdampf zu einer Art Ziegel. Das ungewöhnlichste Zahlungsmittel besaßen die Bewohner der westpazifischen Insel Yap. Sie rollten riesige Steinscheiben durch die Gegend, wenn sie zum Einkaufen gingen. Die größten dieser Steinscheiben hatten immerhin einen Durchmesser von nahezu vier Metern! Der einzigartige Vorteil dieses Zahlungsmittels war, dass niemand die Steinscheiben stehlen konnte, ohne dass es sofort aufgefallen wäre.

Richtig zufrieden waren die Menschen mit dem Naturalgeld aber eigentlich nicht. Die meisten Zahlungsmittel dieser Art waren unhandlich und schwer zu transportieren. Auch gingen viele dieser Zahlungsmittel schnell kaputt, wie das Salzgeld, das in Äthiopien in Umlauf war. Da musste es nur einmal kräftig regnen und schon war das Salzgeld hinüber. Manches Naturalgeld war auch leicht zu fälschen wie die Teeziegel. Hier brauchten Fälscher einfach nur Äste und Blätter zu Ziegeln zu pressen.

Schneckengeld

Ein Zahlungsmittel, das sich wirklich bewährte, war die Kaurischnecke. Es war zum einen handlich, einigermaßen fälschungssicher und außerdem nicht leicht zerbrechlich. Von 2000 vor christlicher Zeitrechnung bis ins 19. Jh. hinein benutzten viele Menschen in unterschiedlichen Teilen der Welt die Kaurischnecke als Zahlungsmittel. Kaurischnecken, die fälschlicherweise auch manchmal Kaurimuscheln genannt werden, stammen aus der Südsee und dem Pazifischen Ozean und wurden nach Afrika eingeführt. Wegen ihrer Seltenheit und des weiten Transportweges waren sie so wertvoll. Kaurischnecken haben die Form und die Größe einer Olive und sind meistens weiß oder gelb. In Gegenden weitab vom Meer waren sie natürlich besonders wertvoll.

Gegen welche Waren ein Paar Kauris eingetauscht werden konnten, hing sehr von dem jeweiligen Land ab. Die Preise unterschieden sich enorm. Konnte in Afrika schon für 10 Kauris eine ganze Kuh erworben werden, so wurden in Indonesien mind. 100 Kauris für eine kleineZiege benötigt.

Die Afrikaner fädelten 32 Schnecken auf eine Schnur und nannten sie „string".
Fünf solcher strings ergaben einen „Bund", 10 Bund einen sog. Kopf. Die Unterscheidung in string, Bund und Kopf entspricht unserer Unterscheidung zwischen einem 5-, 10- oder 20-Euroschein. Wer zwei 5-Euroscheine besitzt, ist stolzer Besitzer von 10 Euros und wer vier davon hat, dem gehören 20 Euros.

Ketten aus Kaurischnecken

Ein afrikanischer „string" lässt sich leicht selber basteln.

Material: Muscheln, kleiner Handbohrer, dickes Holzbrett, Leder- oder Baumwollschnur, dicke Stopfnadel
Alter: ab 5 Jahren

Aus Muscheln vom letzten Strandurlaub können schöne Ketten gebastelt werden. Natürlich müssen es keine echten Kaurischnecken sein!
Mit dem Handbohrer in die Mitte jeder Muschel ein kleines Loch bohren. Dabei unter die Muschel das Holzbrett legen, damit keine wertvolle Unterlage Schaden nimmt und die Muscheln nicht so leicht zerbrechen.
Die Muscheln auf eine Lederschnur oder mit einer Stopfnadel auf eine Baumwollschnur auffädeln und verknoten.
Fertig ist die Muschelkette!

Variante

Die Kinder benutzen Ketten mit einer bestimmten Anzahl Muscheln als Spielgeld, so wie die Afrikaner mit strings, Bund oder Kopf ihre Waren bezahlt haben.

Pachisi

Schon immer dienten Zahlungsmittel auch dem Glücksspiel und der Wahrsagerei. Noch heute spielen die Menschen in Indien ihr Nationalspiel Pachisi mit den wertvollen Kaurischnecken. Pachisi stammt aus dem 6. Jh. und bedeutet „25", die höchste Augenzahl, die gewürfelt werden kann. Übrigens stammt unser „Mensch ärgere dich nicht" daher!

Material: Karton, Schere, Klebstift, Buntstifte, 16 kleine Spielfiguren mit je 4 Figuren derselben Farbe, 6 Kaurischnecken oder Muscheln
Anzahl: 4 SpielerInnen
Alter: ab 8 Jahren

Vorbereitung

Die Gruppenleitung kopiert den abgebildeten Spielplan in der geeigneten Größe.
Die Kinder schneiden ihn aus und kleben ihn auf Karton.
Sie schneiden den Karton entlang der aufgeklebten Vorlage.
Mit Buntstiften bemalen sie die Felder.

Spielregeln

Anders als bei „Mensch ärgere dich nicht" würfeln die SpielerInnen nicht mit einem Würfel, sondern mit Kaurischnecken.
Sie schütteln die sechs Kauris bzw. Muscheln in der geschlossenen Hand und werfen sie auf eine freie Fläche.
Die Anzahl der nach oben zeigenden Spalten oder Schlitze der Kaurischnecken bestimmen die gewürfelte Zahl.
Liegen zwei Kauris mit dem Schlitz nach oben, so bedeutet dies die Zahl 2, drei Schlitze stehen für die Zahl 3 usw. bis 6.
Liegt nur eine einzige Kaurischnecke mit ihrem Schlitz nach oben, so bedeutet dies die Zahl 10 und es darf noch einmal gewürfelt werden.
Der höchste Wurf ist erreicht, wenn die Kauris bei ihrem Wurf so aufkommen, dass keine Schlitze zu sehen sind: Das zählt 25 und lässt einen weiteren Wurf zu.

Spielverlauf

Von den vier SpielerInnen bilden die zwei sich gegenüber Sitzenden ein Team.
Das Spielbrett auf eine ebene Fläche (Tisch oder Fußboden) legen, so dass an jedem Ende des Kreuzes ein Kind sitzen kann.
Alle stellen außerhalb der Spielfläche, immer rechts am Ende der Achse, vier Spielfiguren auf.
Wer die höchste Zahl gewürfelt hat, beginnt.
Die SpielerInnen würfeln der Reihe nach entgegen dem Uhrzeigersinn.

Die gewürfelte Zahl bestimmt darüber, wie viele Felder eine Spielfigur vorrücken, bzw. wie weit sie sich auf dem Spielfeld bewegen kann. Jedes Kind versucht, die vier Spielfiguren die äußeren Felder des Spielfeldes entlang zu schicken, bis sie wieder ihren Ausgangspunkt erreicht haben.

Erreicht eine Spielfigur ein Feld, auf dem eine gegnerische Spielfigur steht, kann diese weggeschlagen werden.

In diesem Fall muss sie die Runde von vorne beginnen.

Die gekreuzten Felder sind sog. Burgen, auf denen die Spielfiguren des Gegners nicht weggeschlagen werden dürfen.

Haben alle Spielfiguren eines Teams als erste ihren Ausgangspunkt erreicht, hat das Team gewonnen.

Nach Belieben kann das Spiel fortgeführt werden, bis alle Teams im Ziel sind.

Das Orakel

Ein Orakel ist ein Schicksalsspruch oder eine Weissagung. Bei einer Frage, die das Schicksal beantworten soll, machen wir unsere Entscheidung für oder gegen etwas von der Antwort des Orakels abhängig. Mit fast allen Zahlungsmitteln haben die Menschen immer wieder Orakel betrieben. In unserer Kultur ist es z. B. üblich, bei Entscheidungsschwierigkeiten eine Münze zu werfen. Kopf oder Zahl bestimmen dann unser Schicksal. Das Schöne am Orakel ist, dass es beliebig oft wiederholt werden kann, bis die gewünschte Antwort erzielt ist.

Kaurischneckenorakel

In Afrika und Asien waren Kaurischneckenorakel besonders beliebt. Entscheidend ist, in welcher Position die hoch geworfenen Schnecken wieder auf dem Boden landen.

Material: 2 Muscheln bzw. Schneckenhäuser
Alter: ab 4 Jahren

Ein Kind denkt sich eine Frage aus, die entweder mit Ja oder mit Nein beantwortet werden kann. Entscheidungsfragen eignen sich besonders gut für Orakel.

Das Kind hält die beiden Muscheln in der geschlossenen Faust und schüttelt sie kräftig hin und her, bevor es sie hoch in die Luft wirft. Je nachdem mit welcher Öffnung die Muscheln auf dem Boden aufkommen, fällt die Antwort aus.

Zeigen die beiden Öffnungen der Muscheln nach oben, ist dies ein eindeutiges Ja.

Liegen die beiden Öffnungen jedoch nach unten, bewerten wir dies als eindeutiges Nein.

Liegt eine Muschel mit der Öffnung nach oben und die andere mit der Öffnung nach unten, so können wir die gestellte Frage mit einem Vielleicht beantworten.

Gefällt die Antwort nicht, das Orakel einfach noch einmal befragen!

Die Kakaobohne

Die Azteken, die zu Beginn des 2. Jh.s nach christlicher Zeitrechnung in Mexiko lebten, benutzten Federn, Tierfelle, Pfeffer und Honig als Geld. Ihr wertvollstes Zahlungsmittel aber war die Kakaobohne. Wer ungefähr 200 Kakaobohnen besaß, konnte sich davon einen ganzen Truthahn kaufen. Ein Hase kostete etwa 100 Kakaobohnen, genauso viel wie ein Sklave. Für drei Kakaobohnen konnte sich ein Azteke schon einen Fisch kaufen, und um eine große Tomate erstehen zu können, benötigte ein Azteke nur eine einzige Kakaobohne. Steuern mussten die Bürger im alten Mexiko übrigens auch in Form von Kakaobohnen entrichten.

Da die Kakaobohnen so wertvoll waren, gab es auch Menschen, die diese teuren Bohnen zu fälschen versuchten. Die Fälscher färbten die weniger wertvollen Bohnen so, dass sie wie edle rote oder aschgraue Bohnen aussahen. Auch legten sie die Bohnen in Wasser zum Aufquellen, denn entscheidend für den Wert der Bohnen war natürlich auch deren Größe.

Das Wort „cacao" stammt ursprünglich aus der Sprache der Olmeken. Diese Indianer lebten ungefähr 1500 Jahre vor christlicher Zeitrechnung an der mexikanischen Golfküste in Mittelamerika. Auch die Maya, die 1000 Jahre vor christlicher Zeitrechnung im südlichen Mesoamerika beheimatet waren, zahlten schon mit Kakaobohnen. Ihr Symbol für Geld ist der Kakaobohne nachempfunden. Die Maya kochten aus den edlen Bohnen bereits eine leckere Trinkschokolade.

xocoatl

Die Azteken erfanden einen Trunk, den sie „xocoatl" nannten. Das bedeutet so viel wie würziges, saures Wasser. Wie der Name dieses Getränks schon sagt, war diese Art von Kakao ziemlich bitter. Die Azteken verfeinerten ihr Getränk mit Pfeffer und Chili. Eine andere Variante wurde mit Ingwer und Zimt zubereitet. Erst die später nach Amerika eingewanderten Spanier haben Milch und Honig zum Süßen hinzugefügt.

Material: Wasserkocher, Messbecher, Kochtopf, Rührlöffel oder Schneebesen, Messer, Küchenreibe, Trinkbecher

Zutaten: 2 – 3 TL Kakaopulver, 50 ml Wasser, 1 Pr Zimt, 1 Pr Muskat, ein kleines Stück geriebene Ingwerknolle, 250 ml Milch, Honig

Wasser in einem Wasserkocher zum Kochen bringen.

Die Ingwerknolle schälen.

Kakaopulver in einen Kochtopf schütten, mit dem heißen Wasser übergießen und verrühren.

Topf auf den Herd stellen und erhitzen.

Die Milch hinzufügen und unter ständigem Rühren heiß werden lassen.

Sobald die Milchkakaomischung zu kochen beginnt, Topf von der Herdplatte nehmen.

Zimt- und Muskatpulver hinzugeben.

Mit der Küchenreibe den Ingwer in den Kakaotrunk reiben.

Mit Honig abschmecken, gut umrühren und in Trinkbecher füllen.

Achtung: Verbrühungsgefahr!

Göttertrunk

Eine besonders edle Variante der Trinkschokolade nannten die Azteken Göttertrunk. Er war nur für die Fürsten am Hof bestimmt.

Material: 2 Töpfe, Küchenreibe, Schüssel oder tiefer Teller, Messbecher, Rührlöffel oder Schneebesen
Zutaten: 100 g Zartbitterschokolade, 100 ml Wasser, 1 Pr Salz, 900 ml Milch, 1 EL brauner Rohrzucker, 2 TL Schokostreusel

Die Schokolade mit der Küchenreibe in eine Schüssel oder einen tiefen Teller fein reiben.
Wasser im Topf erhitzen.
Sobald das Wasser heiß ist, die geriebene Schokolade hinzugeben.
Mehrmals umrühren.
In einem anderen Topf die Milch mit dem Salz vermischen und erhitzen, aber nicht zum Kochen bringen.
Die aufgelöste Schokolade und den Zucker so lange in die Milch einrühren, bis sich ein cremiger Schaum an der Oberfläche bildet.
Den Schokoladentrunk vom Herd nehmen, in Trinkbecher füllen und mit Schokostreuseln garnieren.

Fa anka a tua me ka

Auch Früchte und andere wertvolle Nahrungsmittel galten in manchen Gegenden der Erde als Zahlungsmittel. In einer bestimmten Region im afrikanischen Ghana bezahlen die Menschen mit Orangen. Die Kinder aus den Dörfern dieser Gegend spielen gerne mit den wertvollen Früchten. Der Name ihres Spiels „Fa anka a tua me ka" bedeutet „mit Orangen bezahlen".

Material: pro Kind 5 kleine Bälle (z. B. Tennisbälle), Schnur
Alter: ab 6 Jahren
Ort: im Freien

Statt mit Orangen spielen die Kinder mit Bällen.
Auf einer Wiese oder einem Platz im Freien markiert die Spielleitung zwei Linien mit der Schnur in einem Abstand von ungefähr 10 m.
Die Kinder bilden zwei gegnerische Gruppen mit der gleichen Anzahl an SpielerInnen.
Die beiden Gruppen setzen sich gegenüber hinter die Linien.
Jedes Kind legt vier seiner „Orangen" auf der Linie zu einem kleinen Häufchen zusammen.
Die fünfte Orange wird zum Werfen benutzt.
Die Spielleitung gibt ein Startzeichen.
Jedes Kind zielt mit seiner Orange auf den Orangenhaufen des gegenüber sitzenden Kindes der gegnerischen Gruppe um ihn zu treffen.
Hat es eine Gruppe geschafft, einen oder mehrere der Orangenhaufen der anderen zu Fall zu bringen, darf sie diese Orangen einsammeln und daraus einen neuen Haufen für die eigene Gruppe bauen.
Das Spiel ist zu Ende, wenn eine Gruppe keine Früchte mehr hat.

Kopf oder Zahl?

Das erste Münzgeld gab es in einer Region in der heutigen Türkei, die damals Lydien hieß. Im 7. Jh. vor christlicher Zeitrechnung ließ der König von Lydien einheitliche Münzen als Zahlungsmittel in Umlauf bringen. Denn in Lydien gab es zahlreiche Berge und Flüsse, in denen kleine Klümpchen aus Elektron vorkamen. Dieses natürliche Gemisch aus Gold und Silber wurde auch Legierung genannt. Auf diese kleinen Elektronklümpchen pressten die Lydier das königliche Siegel und schufen so Münzen, auf denen ein Löwenkopf oder ein Stierkopf zu sehen war. Wie viel eine solche Münze wert war, bestimmte damals noch der König allein. Auch war es ganz seine Sache, festzulegen wie schwer die unterschiedlichen Münzen sein sollten. Seine Untertanen mussten darauf vertrauen, dass alle Münzen von gleichem Wert auch dasselbe Gewicht hatten.

Fast 100 Jahre später regierte ein anderer König in Lydien. Er trug den Namen Krösus und wurde v. a. wegen seines unermesslichen Reichtums berühmt, mit dem er auch ziemlich angab. Daher kommt auch der Ausruf: „Ich bin doch nicht Krösus!", der bedeutet, dass jemand nicht so viel Geld wie Krösus hat. König Krösus ließ die bisherigen Münzen nach Gold- und Silberanteilen trennen und schuf reine Silber- und reine Goldmünzen. Jetzt benutzten die Menschen auch in anderen Gegenden Münzgeld. Im alten Griechenland waren Silbermünzen, die sog. Drachmen in Umlauf. Auch die alten Römer konnten inzwischen Metallgeld herstellen. Ihre Münzen waren anfänglich noch aus Kupfer und Bronze, weil es in ihrer Gegend kein natürliches Gold oder Silber gab. Silber- und Goldmünzen brachten sie erst in Umlauf, als sie durch Handelsbeziehungen mit anderen Ländern und durch Feldzüge in den Besitz dieser hoch geschätzten Metalle kamen. Die Römer lebten allerdings sehr verschwenderisch und brauchten ihr Geld schnell auf.

Im Jahre 63 vor christlicher Zeitrechnung regierte Kaiser Nero das Römische Reich. Nero war ein ziemliches Schlitzohr. Weil die ganzen Silber- und Goldmünzen inzwischen in anderen Ländern ausgegeben waren, ließ er Münzen aus Kupfer fälschen, die mit einer dünnen Silberschicht verkleidet waren, damit sie wie Silbermünzen aussahen. Natürlich flog der Betrug auf und führte dazu, dass das Geld, das sich in Umlauf befand, immer mehr an Wert verlor. Hatten die Leute bislang ein Schaf mit einer echten Goldmünze bezahlt, so brauchten sie dafür jetzt vielleicht 200 der neuen Münzen. Eine solche Geldentwertung heißt Inflation. Inflationen kamen seit der Erfindung des Geldes immer wieder vor, aber davon später mehr.

Anscheinend hatten die Menschen nach diesem Betrug erst einmal genug vom Münzgeld. Jedenfalls gab es einige Jahrhunderte überhaupt keine Münzen. Erst im frühen Mittelalter führte der Karolingerkönig Pippin wieder Münzgeld ein, auf das die Menschen im Mittelalter ganz wild waren. Europa teilte sich damals in viele kleine Fürstentümer und Königreiche, und jeder Bezirk wollte eigenes Geld besitzen.

In Italien waren im 13. Jh. sog. Gulden und Dukaten in Umlauf. Diese Münzen wurden aus afrikanischem Gold hergestellt. Hier in Deutschland wurde ab dem Jahre 1500 nach christlicher Zeitrechnung mit reinen Silbermünzen, den sog. Talern bezahlt. In großen Mengen wurden die Taler im sächsischen und böhmischen Erzgebirge hergestellt, weil die Menschen dort enorme Silbervorkommen entdeckt hatten. Im Jahr 1871 wurde der Taler durch die Deutsche Mark ersetzt. Seit dem 1. Januar 2002 bezahlen wir in allen Ländern, die zur europäischen Union gehören, mit Euromünzen. Es gibt die Euromünzen zu 1 und 2 Euro, sowie zu 1, 2, 5, 10, 20 und 50 Cent.

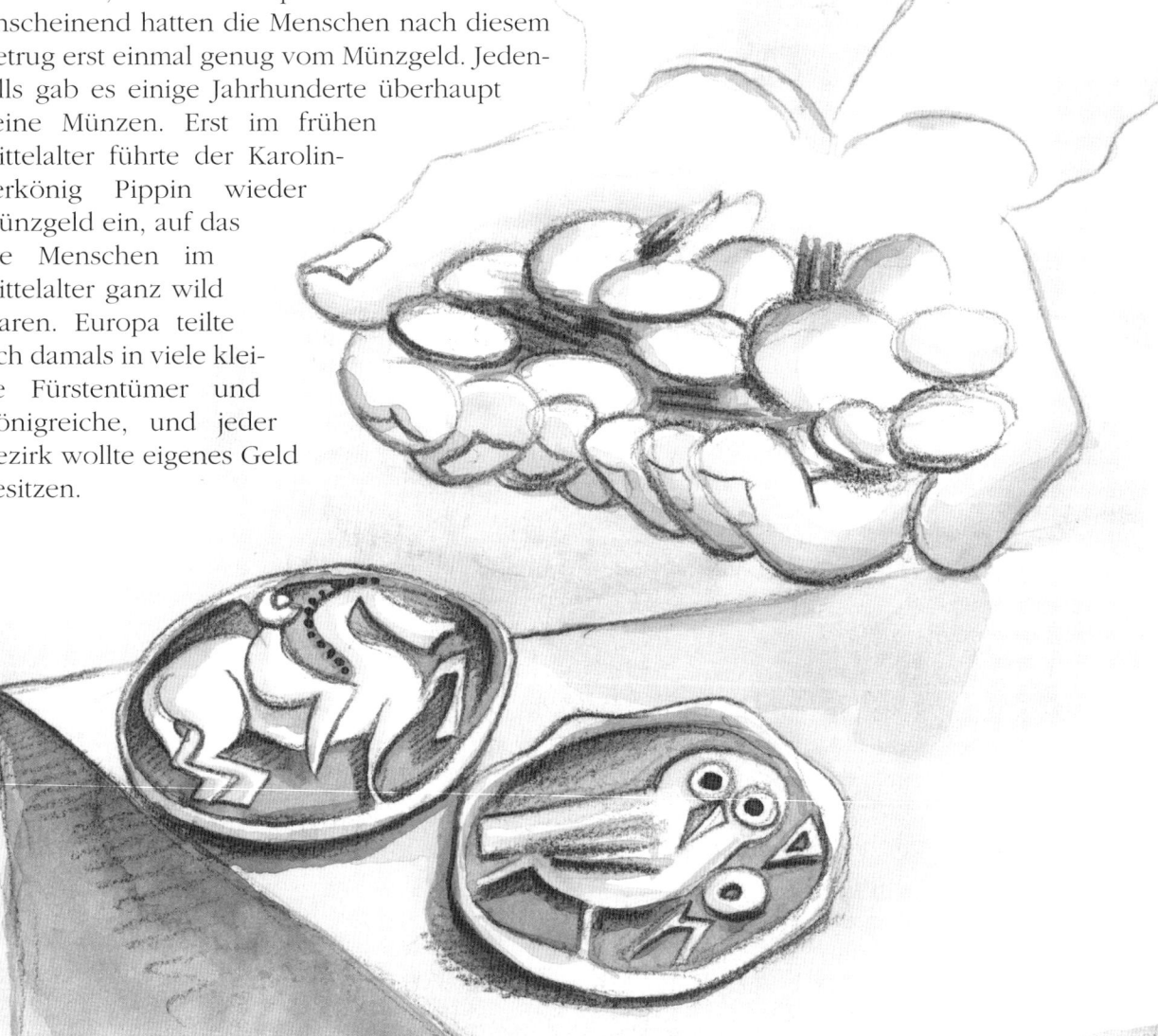

Das königliche Siegel

Die ersten Münzen von Lydien besaßen alle eine Prägung.
Auf den Münzen waren nicht wie heute Zahlen,
sondern unterschiedliche Bilder zu sehen, die über
den Wert der jeweiligen Münze aussagten.
Eine Löwenkopfmünze hatte einen anderen Wert
als eine Stierkopfmünze.

Kartoffelsiegel

Aus einer Kartoffel lässt sich leicht ein Siegel herstellen.

Material: pro Kind 1 Kartoffel mittlerer Größe, Schnitzmesser, wasserfeste Filzstifte
Alter: ab 6 Jahren (mit Variante für ältere Kinder)

Die Kartoffel waschen.
Mit dem Messer die Kartoffel „köpfen", also ein Ende der Kartoffel gerade abschneiden.
Die Umrisse, die das Siegel haben soll, mit einem Filzstift auf die nun offen liegende Fläche aufmalen. Ein Kreuz, ein Baum oder ein Haus sind einfache Motive.
Entlang der Umrisse schnitzen, so dass das Siegel plastisch wird.

Varianten für ältere Kinder

Wer schon geübter im Umgang mit dem Messer ist, kann ein Gesicht, eine Blume oder ein Tier schnitzen.

Dukatenprägung

Das Kartoffelsiegel eignet sich besonders gut, um eine Prägung in den Teig von gebackenen Dukaten zu pressen.

Dukaten backen

Von diesen leckeren Dukaten kann im Gegensatz zum echten Münzgeld jeder beliebig viel herstellen. Mit dem Kartoffelstempel (s. S. 23) lassen sich hübsche Siegel in den noch ungebackenen Teil pressen, so dass sich diese Dukaten von ihrer Prägung her kaum von richtigen Münzen unterscheiden.

Material: 1 große Schüssel, 1 Küchenhandtuch, Nudelholz, 1 kleine runde Form z. B. der Aludeckel eines Teelichts, 1 Kartoffelstempel, Margarine zum Einfetten, Pinsel, Backblech, Kuchengitter

Zutaten für ca. 50 Dukaten: 500 g Vollkornmehl, 250 g Margarine, 125 g brauner Rohrzucker, 1 Päckchen Vanillezucker, 1 Pr Salz, 2 Eier

Alle Zutaten in einer großen Schüssel mischen und zu einem festen Teig verkneten.

Den Teigklumpen in das Küchenhandtuch wickeln und eine halbe Stunde im Kühlschrank aufbewahren.

Backofen auf 200 °C vorheizen.

Eine freie Fläche mit Mehl bestäuben, da sonst der Teig festklebt!

Auf der Fläche den Teig mit dem Nudelholz ausrollen.

Mit der runden Form Münzen ausstechen und mit dem Kartoffelstempel die Prägung aufpressen.

Mit dem Pinsel das Backblech mit Margarine einfetten.

Dukaten auf das gefettete Backblech legen und im Backofen etwa 12 Minuten backen.

Auf einem Kuchengitter abkühlen lassen.

Der Abakus

Im Mittelalter gab es in jedem Königreich eine Münze mit eigenem Namen und eigener Prägung. Neben Heller, Groschen, Batzen, Kreuzer und Dukaten befanden sich noch viele andere Münzen in Umlauf. Für Reisende war das natürlich ein ziemliches Durcheinander. Sie mussten ständig von einer Währung in die andere wechseln. Ein weiteres Problem war, dass die Händler vor Betrug nicht sicher waren, denn wer behält bei so viel Rechnerei schon den Überblick? Deshalb hatten sie immer eine Waage und ein Rechenbrettchen, einen sog. Abakus, dabei. Mit der Waage konnten sie das Gewicht der Münzen und somit auch ihren Wert ermitteln. Der Abakus erleichterte den Händlern das Umrechnen in eine andere Währung und das Zusammenrechnen der gesamten Summe, die ein Käufer oder eine Käuferin dem Händler bzw. der Händlerin schuldete.

Einen Abakus bauen

Mit einem selbst gebastelten Abakus aus Pappe und Perlen können die Kinder addieren, subtrahieren, aber auch dividieren und multiplizieren.

Material: Pappe (ca. 20 x 12 cm), Lineal, Bleistift, Schere, Klebstoff, Büroklammern, 7 Holzstäbchen (ca. 20 cm lang, z. B. Schaschlikspieße), Ton oder 49 Perlen
Alter: ab 8 Jahren

Der Abakus besteht aus einem Rahmen mit Perlen. Die Perlen können entweder fertig gekauft oder aus Ton leicht hergestellt werden.

Perlen herstellen

49 kleine Kugeln aus dem Ton formen. Mit einem Schaschlikspieß in jede Kugel ein kleines Loch bohren und über Nacht an der Luft trocknen lassen.

Abakus bauen

Aus der Pappe drei Streifen mit jeweils einer Länge von 10 cm und einer Breite von 3 cm, sowie 2 Streifen mit einer Länge von 20 cm und einer Breite von 3 cm mit Lineal und Bleistift markieren und ausschneiden.
Auf jedem Streifen an den äußeren Kanten 1 cm abmessen und umknicken.
Die 2 langen und die 2 kürzeren Streifen zu einem rechteckigen Rahmen zusammenstecken und festkleben.
Zum Trocknen jede Ecke mit einer Büroklammer zusammenhalten.

Auf jeden Holzstab 5 Perlen aufziehen. Die Holzstäbe in gleichmäßigem Abstand voneinander durch den dritten 10 cm langen Pappstreifen ziehen. Das eine Ende der Holzstäbe sollte jedoch nicht mehr als 7 cm durch die Pappe durchgeschoben werden. Die Perlen befinden sich im vorderen Teil vor dem Pappstreifen. Etwa 7 cm an den Querstreifen des Rahmens abmessen und den letzten Pappstreifen senkrecht einsetzen und ebenfalls mit Klebstoff fixieren. Auf den hinteren Teil der Holzstäbe, der durch den Pappstreifen vom vorderen Teil getrennt ist, jeweils zwei weitere Perlen aufziehen. Die Enden der Holzstäbe durch den Rahmen rechts und links stechen und fixieren.

Rechnen mit dem Abakus

Mit dem Abakus können sehr komplizierte Rechenaufgaben gelöst werden. Um das Prinzip zu erläutern, geben wir hier nur eine ganz einfache Anregung.

Der Abakus ist in zwei Bereiche unterteilt. Damit sich die Perlen gut hin- und herbewegen lassen, ist es am einfachsten, den Abakus mit den längeren Seiten horizontal zu halten. Rechts sind auf jedem Holzstab 2 Perlen und links jeweils 5 Perlen. Diese beiden Bereiche sind von einem Mittelstreifen getrennt. Die Perlen sind auf jeder Seite von unterschiedlich hohem Wert. Jede Perle rechts vom Mittelstreifen zählt fünffach. Jede linke hingegen nur einfach. Möchten wir z. B. 7 und 5 addieren, so stellen wir zunächst die 7 dar, indem wir eine der Perlen mit dem Wert 5 zum Mittelstreifen schieben und weitere 2 Perlen im Wert von 1 aus dem rechten Bereich. Das ist die Zahl 7. Jetzt addieren wir 5 hinzu, indem wir noch eine Perle im Wert von 5 zur Mittellinie schieben. Alle Perlen, die wir insgesamt zur Mitte geschoben haben, nämlich 2 Perlen im Wert von 5 und 2 Perlen im Wert von 1 stellen nun das Ergebnis der Addition dar, nämlich 12.

Die Euromünzen

Eine Geldumstellung, wie wir sie mit der Einführung des Euros zu Anfang des Jahres 2002 erlebt haben, fällt allen natürlich zunächst ein bisschen schwer. Irgendwie haben wir uns vorher auch an Mark und Pfennig gewöhnt, mit denen wir bisher bezahlt haben. Übrigens hat uns die Euro-Umstellung in Europa sehr viel Geldabfall beschert. Würden alle 2,8 Milliarden Banknoten, die aus dem Verkehr gezogen werden mussten, aufeinandergestapelt, so ergäbe das einen Turm von 323 km Höhe. Alle Münzen aufeinander ergäben einen 700 000 t schweren Münzberg. Um den Menschen in Europa die Umstellung zu erleichtern, durfte jedes Land die Rückseite der Euromünze selber gestalten. Anhand der Abbildung auf der Rückseite der Münze, können wir also sofort erkennen, aus welchem Land die Münze stammt, z. B. aus Italien, Finnland, Portugal oder Spanien.

Taler, Taler, woher kommst du?

Anhand der unterschiedlichen Abbildungen auf den Rückseiten der Euromünzen ist zu erkennen, wo die Münze herkommt.

Material: verschiedene Euromünzen
Alter: ab 5 Jahren

Die Kinder bilden einen Kreis.
Die Spielleitung schüttet die Euromünzen in die Mitte, so dass es einen großen Münzhaufen gibt. Ein Kind zieht eine Münze aus dem Münzhaufen und beschreibt, was es auf der Rückseite sehen kann. Dann reicht es die Münze herum. Wer zuerst weiß, aus welchem Land die Münze stammt, darf die Münze zunächst behalten.
Reihum ziehen die Kinder jeweils eine Münze und alle raten, woher die Münze kommt.
Wer zum Schluss die meisten Münzen richtig geraten hat, hat gewonnen.
Nach Ende des Spiels gehen die Münzen natürlich wieder an ihre ursprünglichen Besitzer zurück.

Wer den Pfennig nicht ehrt ...

Überall auf der Welt gibt es eine Reihe von Münzspielen. Münzen haben den Vorteil, dass sie klein und handlich sind, außerdem hat fast jeder von uns welche in der Jacken- oder Hosentasche. Dieses Münzspiel aus Tirol trägt seinen Namen v. a. deswegen, weil die SpielerInnen die Münzen nicht gerade ehrfürchtig behandeln. Daher war das Spiel lange Zeit offiziell verboten.

Material: 1 runder Stein, pro Kind 1 alte Münze (oder welche vom letzten Auslandsurlaub), Kreide
Ort: draußen
Alter: ab 7 Jahren

Auf ebenerdigem Untergrund im Freien mit Kreide eine Linie markieren.
Ein Kind macht 4 – 5 große Schritte von dieser Linie aus und legt den Stein dorthin.
Alle Kinder stellen sich hinter die Linie und versuchen die eigene Münze in Richtung Stein zu werfen.
Dasjenige Kind, das mit seiner Münze am nächsten an den Stein herangekommen ist, darf nun alle Münzen einsammeln und sie zu einem kleinen Turm stapeln.
Dabei sollten die Münzen mit der Zahl nach oben liegen.
Jetzt haut das Kind mit dem Stein auf den Turm und die Münzen fallen auseinander.
Alle Münzen, die sich beim Fall umgedreht haben, gehören nun ihm.
Die restlichen Münzen werden erneut zu einem Turm aufgestapelt und der zweitbeste Werfer darf die Münzen mit dem Stein zu Fall bringen.
Das Spiel ist zu Ende, wenn keine Münze mehr übrig ist.
Gewonnen hat das Kind mit den meisten Münzen.

Münz-Dart

Beim Münz-Dart geht es darum, möglichst schnell 21 Punkte zu erreichen.

Material: Notizblock, Stock, pro Kind 3 Münzen; evtl. DIN A 3 große Pappe, Bleistift, Schere
Alter: ab 7 Jahren
Ort: draußen auf Sandboden (mit Variante für drinnen)

Die SpielerInnen erstellen nach der Vorgabe gemeinsam den Spielplan, der in verschiedene Felder mit jeweils einer Zahl unterteilt ist.

Spielplan

In den Sand mit dem Stock einen großen Kreis malen.
In diesen Kreis einen kleinen malen.
Vom inneren Kreis ausgehend den großen Kreis in 10 Felder unterteilen.
In jedes Feld der Reihe nach die folgenden Zahlen schreiben: 4, 6, 10, 1, 7, 3, 5, 9, 2 und 8.
In die Mitte die Zahl 12 schreiben.

Spielregeln

Alle SpielerInnen stellen sich mit einem Abstand von etwa 1,5 m um den Spielplan herum auf.
Jedes Kind wirft der Reihe nach seine drei Münzen auf das Feld.

Wer mit seiner Münze ein solches Feld trifft, dass die Münze dort liegen bleibt, erhält so viele Punkte, wie das Feld angibt. Die getroffenen Felder werden addiert.
Ziel ist es, genau 21 Punkte zu erreichen.
Da die SpielerInnen dafür oftmals mehrere Runden benötigen, werden die erreichten Punkte in jeder Runde für jeden notiert.
Hat ein Kind z. B. in einer Runde mit den Münzen die Felder der Zahlen 10, 9 und 1 getroffen, so muss es in der nächsten Runde das Feld mit der Zahl 1 treffen.
Wird eine höhere Punktzahl als 21 erzielt, wird rückwärts gezählt!

Variante für drinnen

Auf die Pappe einen kleinen Kreis in einen großen malen.
Den großen Kreis ausschneiden und wie oben in Felder einteilen.
Den Spielplan auf den Boden legen und spielen.

Münz-Solitaire

Solitaire (von frz. „einsam, einzeln") lässt sich, wie der Name schon sagt, gut alleine spielen. Münz-Solitaire kann alleine oder mit mehreren draußen auf sandigem Untergrund gespielt werden.

Material: 1 Stock, 9 Münzen; evtl. DIN A 4 große Pappe, Bleistift, Schere, Notizblock
Ort: draußen auf sandigem Boden (mit Variante für drinnen)
Anzahl: 1 Kind (mit Variante für mehrere Kinder)
Alter: ab 7 Jahren

Spielplan

Das Spielfeld wird mit einem Stock auf den Boden gemalt. Dafür unterteilt ein Kind ein beliebig großes Quadrat in 5 x 5 Felder. Anschließend legt ein anderes Kind in die mittleren 3 x 3 Felder jeweils eine Münze.

Spielregeln

Ziel ist es, die Münzen vom Feld zu bringen. Eine Münze scheidet dann aus, wenn eine andere Münze sie übersprungen hat. Eine Münze darf nur waagerecht, senkrecht oder diagonal übersprungen werden und nur dann, wenn das dahinter liegende Feld frei ist. Hat ein Kind es geschafft, nur eine einzige Münze übrig zu behalten, hat es das bestmögliche Ergebnis bei Solitaire erreicht.

Variante für mehrere Kinder

Beim gemeinsamen Spiel geht es nicht darum, dass einer gewinnt, sondern dass alle gemeinsam das bestmögliche Ergebnis erzielen.

... für drinnen

Wird Münz-Solitaire drinnen gespielt, kann der Spielplan auf Pappe aufgemalt und ausgeschnitten werden.

Der rollende Rubel!

Rubel heißen die Münzen, mit denen die Menschen in Russland bezahlen. Bei diesem beliebten Spiel, das in vielen Teilen der Welt bekannt ist, rollen die Münzen.

Material: 1 Holzbrettchen, mehrere Münzen pro Kind; evtl. 1 Stein
Alter: ab 6 Jahren

Das Brettchen schräg gegen eine Wand oder einen Stein lehnen.
Der Reihe nach lässt jedes Kind eine Münze das Brett herunterrollen.
Dabei geht es darum, die eigene Münze in die Nähe der Münzen der Vorgänger zu bringen.
Mit seiner Handspanne misst das Kind aus, wie weit die Münzen der vorherigen Kinder von seiner eigenen entfernt sind.
Dafür streckt es den Daumen und den Zeigefinger. Das ist eine Handspanne.
Alle Münzen, die ein Kind erspannen kann, gehen in seinen Besitz über.
Wie bei den meisten Münzspielen hat dasjenige Kind gewonnen, das zum Schluss die meisten Münzen besitzt.

Vom Maulbeerbaum zum Geldschein

In Europa war es bis zur Mitte des 17. Jh.s üblich, mit Münzgeld zu bezahlen. Das war natürlich sehr beschwerlich, denn größere Geldsummen erforderten viele Münzen. So musste jemand, der etwas Teures kaufen wollte, die Münzen säckeweise mit sich herumschleppen. Das war nicht nur anstrengend, sondern für Diebe und Räuber auch sehr verlockend. Sie hatten leichtes Spiel damit, den erschöpften Kaufleuten auf ihren Wegen die Geldsäcke abzuknöpfen. Die Lösung lag in der Einführung des Papiergeldes. Für Papiergeld mussten aber erst einmal Papier und die Drucktechnik selbst erfunden werden. Da dies in China bereits geschehen war, ist es nicht allzu verwunderlich, dass es auch die Chinesen waren, die das Papiergeld erfanden. Der italienische Reisende Marco Polo berichtete im Jahre 1295 seinen Landsleuten von diesem sonderbaren Geld, das er in China gesehen hatte.

Das Besondere am Papiergeld ist, dass es nur auf der Basis von Vertrauen funktioniert. Das Material, aus dem das Geld hergestellt wird, entspricht ja bei weitem nicht dem Zahlwert. Das heißt, dass die Zahl, die auf dem Papier steht, den Wert des Geldscheins ausdrückt, unabhängig vom Wert des Materials, aus dem er gemacht wurde. Der Materialwert eines Geldscheins ist nämlich gering. Selbst wenn wir Herstellungskosten und Arbeitszeit zu den Materialkosten hinzuzählten, würde z. B. ein 50-Euroschein bloße 10 Cent kosten. Dass sein Zahlwert diese Summe bei weitem überschreitet liegt einfach daran: Alle Betroffenen sind sich im Moment darüber einig, dass ein 50-Euroschein eben 50 Euro wert ist. Geld ist einfach sehr abstrakt. Daher ist es auch unwesentlich, aus welchem Material es besteht. Wichtig ist nur die Tatsache, dass alle mit der Wertfestlegung des Geldes einverstanden sind.

Das Prinzip, auf dem die Idee des Papiergeldes beruht, war den Europäern lange Zeit nicht geheuer. Dass die chinesische Regierung den Wert der einzelnen Scheine festgelegt hatte und den Bürgern einen Gegenwert in Gold garantierte und das auch noch funktionieren konnte, mochten die skeptischen Europäer zunächst nicht glauben. Es dauerte sehr lange, bis sie sich mit dem Gedanken an Papiergeld anfreunden konnten. Schweden war das erste europäische Land, das Papiergeld einführte, und das erst im Jahre 1661. Dann zogen auch die anderen Länder mit und ließen eigenes Papiergeld drucken.

Die Chinesen stellten ihre Geldscheine aus den Rindenfasern des Maulbeerbaumes her, die sie anschließend mit Holztafeln bedruckten. Die Rezeptur zur Herstellung unseres heutigen Papiergeldes wird streng geheim behandelt, um den Geldfälschern die Arbeit nicht noch zu erleichtern. Was wir aber wissen ist, dass unser modernes Papiergeld aus gekochten und gebleichten Baumwollfasern hergestellt wird. Jeder Geldschein ist zunächst nichts anderes als Baumwollfaserbrei. Damit aus dem Brei Papier und somit ein Schein entsteht, wird er durch feine Siebe geschöpft. Die Siebe sind mit kleinen Erhöhungen ausgestattet, damit Wasserzeichen auf den Geldscheinen erscheinen. Außerdem werden silberne Fäden mit eingearbeitet. Die Wasserzeichen und Silberfäden sind reine Vorsichtsmaßnahmen. Da keiner genau weiß, wie ein Geldschein mit einem Wasserzeichen und einem Silberfaden ausgestattet wird, müssen die Fälscher lange herumbasteln, bis ein gefälschter Schein einem echten Geldschein ähnlich sieht. In der Regel gelingt es ihnen auch nie besonders gut. Da Wasserzeichen und Silberfaden den falschen Geldscheinen meistens fehlen, können sie leicht erkannt werden. Auch das anschließende Bedrucken des Geldscheines soll ganz sicher vor Fälschungen sein. Deshalb erhält jeder einzelne Geldschein eine eigene Nummer.

Ein Geldschein muss viel aushalten. Daher sollte das Papier reiß- und wasserfest sein. Das wird natürlich zunächst in speziellen Labors getestet, bevor das Geld in Umlauf kommt. Trotzdem beträgt die durchschnittliche Lebensdauer eines Geldscheins nur knappe zwei Jahre. Dann ist er so kaputt oder schmutzig, dass er von der Bundeszentralbank gegen einen neuen Schein ausgetauscht wird.

Einen Geldschein malen

Auf Geldscheinen, auch Banknoten genannt, steht nicht nur ihr Wert und um welche Währung es sich handelt. Es sind dort auch Bilder zu sehen, die KünstlerInnen gemalt haben. Meistens ist auf den Banknoten etwas Landestypisches oder eine wichtige Persönlichkeit abgebildet.

Material: Geldscheine aus verschiedenen Ländern, Papier, Wasserfarben oder Filzstifte
Alter: ab 5 Jahren

Alle Kinder sitzen am Maltisch.
Die Gruppenleitung stellt verschiedene Geldscheine vor und lässt die Kinder beschreiben, was sie darauf sehen.
Sie fragt die Kinder: „Wie sähe ein Geldschein aus, wenn ihr bestimmen könntet, was darauf abgebildet wird?"
Jedes Kind malt seinen persönlichen Geldschein nach den eigenen Vorstellungen.
Anschließend können die Kinder aus ihren Geldscheinen ein großes Plakat kleben.

Geldscheine

In Deutschland wurden im Jahr 2001 Geldscheine im Wert von ungefähr 8,1 Milliarden Euro versehentlich zerrissen, verbrannt oder verfärbt oder sie verrotteten sogar in Sparstrümpfen. Ein Geldschein, der zerrissen ist, kann wieder zur Bank gebracht werden. Ist mehr als die Hälfte vom Geldschein übrig, wird er dort gegen einen neuen eingetauscht.

Der sprechende Geldschein

Weil er von Hand zu Hand und von Mensch zu Mensch weitergereicht und gegen Dinge eingetauscht wird, erlebt ein Geldschein viel. Was würde er wohl berichten, wenn er sprechen könnte?

Material: 1 (selbst gemalter) Geldschein, Tesafilm; evtl. Schreibpapier, Stifte
Alter: ab 6 Jahren (mit Variante für Kinder ab 8 Jahren)

Die Kinder sitzen im Kreis.
Ein Kind klebt sich den Geldschein mit Tesafilm auf die Stirn und sagt: „Ich bin ein Geldschein. Ich befinde mich in einem Portmonee zusammen mit anderen Geldscheinen und mit vielen kleinen Münzen . . . "
Das Kind klebt dem Nachbarkind den Geldschein auf die Stirn.
Das Nachbarkind erzählt die Geschichte des Geldscheins weiter: „Dann kommt mein Besitzer an einen Bäckerladen mit herrlichen süßen Teilchen. Er kauft einige davon und reicht mich

der Bäckerin. Die steckt mich gleich in die Kasse!"
Der Reihe nach lässt jedes Kind den Geldschein sprechen.
Der Geldschein kann wahre Abenteuer erleben, vielleicht macht er eine große Reise in ein fernes Land oder er geht seinem Besitzer verloren. Er lernt viele Menschen kennen und wird gegen viele nützliche Dinge eingetauscht.
Vielleicht aber liegt er auch lange Zeit gelangweilt in einem Sparschwein herum oder wurde gar in einem alten Koffer in der Erde vergraben?

Variante für Kinder ab 8 Jahren

Jedes Kind schreibt eine kurze Geschichte über die Abenteuer eines Geldscheins. Die Geschichte klingt spannender, wenn die Kinder sie in der „Ich-Form" schreiben.
Nacheinander lesen die Kinder ihre Geschichten vor und sprechen anschließend darüber.

Vom Purpurland bis nach Venedig – Händler und Kaufleute

Wären die Menschen in der Vergangenheit keine wirtschaftlichen Beziehungen miteinander eingegangen und hätten sie keinen Handel betrieben, würden wir heute viele Dinge, die für uns inzwischen selbstverständlich sind, gar nicht kennen. Angefangen von notwendigen Lebensmitteln wie Weizen und Gerste, über Luxusartikel wie Wein und Parfüm bis zu Dingen aus Seide, Glas und Edelhölzern, aber auch die meisten unserer heutigen Gewürze – all das wäre uns unbekannt. Um festzustellen, welche Rohstoffe und Kostbarkeiten auf anderen Teilen der Erde vorhanden waren, zog es die Menschen immer hinaus in die Ferne. Es war für alle Völker stets ein großer Anreiz, durch Tausch neue Errungenschaften zu machen.

Dinge zu importieren und Waren miteinander zu tauschen, das war die Aufgabe der Kaufleute. Die ersten Kaufleute, über die wir etwas wissen, waren die Phönizier. Sie lebten vor über 4000 Jahren an den Küsten im östlichen Mittelmeer, wo heute Syrien und der Libanon sind. Ihren ausgefallenen Namen erhielten die Phönizier von den Griechen. Das griechische Wort „phoinx" bedeutet Rot und der Name spielt auf die purpurrote Farbe jener berühmten Stoffe an, die von den Phöniziern überall in der Welt zum Kauf angeboten wurden. Die Gebiete der Phönizier nannten die Menschen damals Phönikien oder Phönizien, was so viel wie Purpurland heißt.

Um ihre Ware aus entlegenen Teilen der Erde heranzuschaffen und auch an verschiedenen Orten den Menschen zum Verkauf anzubieten, benötigen Kaufleute und Händler v. a. ein funktionstüchtiges Fortbewegungsmittel. Die Phönizier besaßen riesige Segelschiffe, mit denen sie sämtliche Mittelmeerländer mit bis dahin unbekannten Waren beliefern konnten. In den dicken kugeligen Bäuchen ihrer Schiffe transportierten sie neben den kostbaren Stoffen ausgefallene Edelhölzer, Papyrus, auch Oliven- und Feigenbäume, Glas und Schmuck sowie Weizen. So konnten die Phönizier aufgrund ihrer Handelsbeziehungen viele wichtige und schöne Dinge in andere Länder bringen. Beispielsweise belieferten sie die Ägypter mit kostbarer chinesischer Seide, mit exotischen Gewürzen aus dem Orient und mit Metall aus Afrika. Die Europäer lernten über die Händler aus dem Purpurland den Papyrus aus Ägypten kennen.

Die Phönizier waren auch sehr geschickte Handwerker. Aus dem getauschten marokkanischen Gold, dem Blei und Silber aus Andalusien und dem englischen Zinn fertigten sie wunderschöne Gegenstände, die sie in aller Welt zum Verkauf anboten.

Der Reichtum und der florierende Handel aus dem Purpurland erzeugte jedoch bei anderen Völkern, z. B. bei den Griechen und den Römern, nicht nur Wohlwollen, sondern auch Neid. Als die Phönizier ihr Handelswesen bis nach Sizilien ausdehnten, erklärten die Römer ihnen den Krieg.

Zwar handelten auch die Römer bereits mit Ländern wie Ägypten, Griechenland und Irland, um Getreide und Wein zu bekommen, doch waren sie im Gegensatz zu den Phöniziern keine Kaufleute, sondern ein Volk der Krieger, Beamten und Bauern. Im Jahre 53 vor christlicher Zeitrechnung trug es sich zu, dass der römische

Krieger Marcus Crassus während eines Feldzuges in Asien einen wunderbaren Stoff entdeckte: die Seide. Als er daraufhin Seide mit nach Hause brachte, sprach es sich im Römischen Reich schnell herum, dass die Chinesen im Besitz dieses kostbaren Stoffes waren, von dem niemand wusste, wie er hergestellt wurde. Da die Römer das Geheimnis der aufwändigen Seidenherstellung mit Seidenraupen nicht zu lüften vermochten, aber diesen glänzenden Stoff unbedingt besitzen wollten, begannen sie mit China den Seidenhandel. Riesige mit Stoffballen bepackte Kamelkarawanen wurden von China über Persien, Irak und Syrien nach Europa geschickt. Ihr Weg führte entlang der Bergstraße, die das Tal des Flusses mit dem Mittelmeerraum verband, und wegen des Seidenhandels jetzt Seidenstraße genannt wurde. Nach und nach entstanden in den Oasen entlang der Seidenstraße wunderschöne Handelsstädte, in denen sich Händler und Reisende von den Strapazen der aufwändigen Reise erholen und die Kostbarkeiten der Länder austauschen konnten. Das Leben in diesen Städten war geprägt von Menschen verschiedener Kulturen, denn mit den Handelsgütern kamen die Menschen auch in Kontakt mit anderen Lebens- und Glaubensvorstellungen.

Ab dem 8. Jh. übernahmen die Araber den gesamten Handel im Mittelmeer und im Indischen Ozean. Die meisten Waren transportierten sie über die Seeroute von Indien zum Roten Meer. Zudem hatten sie Handelsniederlassungen in Indien, Ceylon, Sansibar, Indonesien und China. Den Indern verkauften sie Pferde, den Ägyptern Zuckerrohr und den Madegassen Reis. Die Mittelmeerländer erhielten durch die arabischen Händler Orangen und Zitronen und zu uns brachten sie das Papier aus China. Übrigens brachten die Araber aus Indien auch etwas mit, das nicht zu sehen und nicht anzufassen war: die Zahl Null.
Neu erschlossene Wege durch die Wüste Sahara ermöglichten den Arabern später den Handel mit Afrika. Ihr Repertoire an anzubietenden Waren erweiterte sich um afrikanisches Gold und Elfenbein – und um Sklaven. Viele afrikanische Könige kamen durch arabische Kaufleute mit der Religion des Islam in Berührung und erfreuten sich dank der Tauschgeschäfte eines enormen Reichtums.

Die Handelsgeschäfte gingen auch in Italien sehr gut. Die Kaufleute aus Venedig und Genua arbeiteten ab dem 9. Jh. v. a. als Zwischenhändler der arabischen und byzantinischen Kaufleute. Gut 200 Jahre später entwickelten sich die italienischen Städte Pisa, Genua und Venedig zu den wichtigsten Handelszentren mit dem Orient. Venedig genoss dabei seinen besonderen geografischen Vorteil direkt an der Adria mit unmittelbarem Zugang zum Meer. So wurde Venedig im 15. Jh. zur reichsten Stadt des Abendlandes. Venezianische Golddukaten waren das sicherste Zahlungsmittel im Mittelalter. Die venezianischen Handelsleute, die sich die Kunst der Geschäfte bei den muslimischen Händlern abgeschaut hatten, schrieben die ersten Lehrbücher für Kaufleute. Sie führten zudem die Buchführung ein und gaben Käufern Kredite und Versicherungen. Viele italienische Kaufleute taten sich zusammen und gründeten sog. Handelsgesellschaften mit Filialen in großen europäischen Städten wie London und Barcelona.

Aber nicht nur in Italien, sondern auch in Deutschland taten sich die Kaufleute zusammen und gründeten Organisationen wie den Hansebund, der im Jahre 1356 in Lübeck ins Leben gerufen wurde und dem einst über 150 Städte angehörten. Das Kaufmannsgewerbe war zu einem angesehenen Beruf geworden. Kaufleute galten als Menschen mit Bildung, die viel in der Welt herumgekommen waren. Es fiel ihnen leicht, in Kontakt mit fremden Menschen zu treten und Beziehungen zu knüpfen. Sie waren meist wortgewandt und souverän. Um ihren Beruf ausüben zu können, mussten die Kaufleute zuvor eine Lehre in einer Handelsniederlassung absolvieren und sich Kenntnisse in Buchhaltung und Recht aneignen. Mehrere Sprachen zu sprechen erwies sich ebenso als Vorteil.

Wirtschaftliche Beziehungen der Menschen untereinander waren aber leider auch immer mit unschönen Dingen wie Habgier, Neid, Ausbeutung, Betrug und Kriegen verbunden. Nicht selten wurden die ursprünglichen Besitzer der begehrten Waren bestohlen oder umgebracht. Die Gier der Spanier nach südamerikanischem Gold und Edelsteinen im 15. Jh. hatte z. B. die Versklavung und Ausrottung der indianischen Bevölkerung Südamerikas zur Folge. Um billige Arbeitskräfte für die Arbeit in den Goldminen zu bekommen, verschleppten die Europäer im 16. Jh. Sklaven aus Afrika nach Südamerika. Der Sklavenhandel erwies sich dabei als lukratives Geschäft. Im 17. und 18. Jh. wurden über 14 Mio. Afrikaner versklavt. Erst im Jahr 1815 sprachen sich die europäischen Staaten gegen die Sklaverei aus.

Auch in der heutigen Zeit spielen Kaufleute eine wichtige Rolle, denn sie sind diejenigen, die Waren kaufen und wieder verkaufen. Verglichen mit der Zeit der Phönizier ist es jedoch viel einfacher geworden, Handelsbeziehungen über große Entfernungen hinweg aufzubauen und aufrecht zu erhalten.

In Ländern, in denen das Handeln und Feilschen eine lange Tradition hat, nennen die Verkäufer zuerst nur den Verhandlungspreis.

Dann wird diskutiert, geredet und argumentiert und der Preis vom Kunden heruntergehandelt. Verkaufen und Verhandeln macht neben seinem Nutzen auch viel Spaß.

Die Kunst der Verhandlung

Miteinander handeln

Kinder haben viel Vergnügen beim Verhandeln und Feilschen.

Material: Stoppuhr, Gegenstände
(z. B. 1 Tuch, 1 Schere, 1 Vase u. Ä.)
Alter: ab 6 Jahren

Die Kinder bilden Paare und legen fest, wer von ihnen VerkäuferIn und wer interessierter Kunde oder interessierte Kundin ist.
Das erste Paar erhält von der Spielleitung einen Gegenstand.
Mit der Stoppuhr legt die Spielleitung eine Zeit fest, in der die beiden VerhandlungspartnerInnen handeln müssen. Eine kurze Zeit von ungefähr 2 Minuten empfiehlt sich hier, da ein gewisser Zeitdruck durchaus die Spannung steigert.
Der Händler nennt den Preis, den er für die Ware haben möchte

Aufgabe des Kunden ist es, mit geschickter Argumentation den Preis des Gegenstandes herunterzuhandeln.
Der Verkäufer hingegen muss dem Kunden Glauben machen, warum der Gegenstand seinen Preis wert ist.
Ist die Zeit abgelaufen, ist das nächste Paar mit einem anderen Gegenstand an der Reihe.

Gesprächsrunde
Abschließend setzen sich alle noch einmal zusammen.
- Was haben die Kinder beobachten können?
- Welche Argumente haben die einzelnen Personen benutzt?
- Haben sie den Preis durch Tricks wie Mitleid erregen, auf die Konkurrenz verweisen u. Ä. senken können?
- Sind alle Beteiligten freundlich miteinander umgegangen?
- Sind sie durch ihre Taktik näher zum Ziel gekommen?

Stummer Handel

Die phönizischen Kaufleute waren berühmt für eine besondere Art des Tauschhandels, den sog. stummen Handel, den sie v. a. mit den afrikanischen Küstenbewohnern praktizierten.
So legten die Phönizier ihre mitgebrachten Waren an den Strand und zogen sich wieder auf ihre Schiffe zurück. Die afrikanischen Handelspartner begutachteten nun in aller Ruhe die Angebote der Kaufleute, legten eine ihnen angemessen erscheinende Gegensumme an Gold dazu und verschwanden ebenfalls für kurze Zeit. Jetzt konnten die Phönizier entscheiden, ob sie mit der Summe an Gold einverstanden waren oder ob sie für ihre Ware mehr verlangen wollten.
Waren sie einverstanden, so nahmen sie das Gold und reisten ab. Forderten sie mehr, so zogen sie sich erneut zurück und ließen Gold und Ware unberührt am Strand liegen.
Diese Prozedur dauerte an, bis beide Seiten zufrieden waren.

Stiller Tausch

Beim stummen Handel gehen die Kinder Tauschbeziehungen miteinander ein, ohne dabei zu sprechen. Das ist gar nicht so einfach.

Material: Tauschgegenstände (z. B. kleine Steine, Muscheln, schöne Aufkleber)
Alter: ab 6 Jahren

Die Kinder setzen sich in einen Kreis.
Das erste Kind legt einen Gegenstand in die Mitte, den es den anderen Kindern zum Tausch anbietet.
Alle Kinder, die auf dieses Angebot eingehen wollen, legen ihre Tauschobjekte dazu.
Ohne dabei auch nur ein Wort zu sprechen, entscheidet das erste Kind, ob es eines der Tauschangebote annehmen möchte.
Möchte es seinen Gegenstand gegen eines der anderen Dinge eintauschen, nimmt es sich dies, ohne etwas zu sagen.
Der ursprüngliche Besitzer des Gegenstandes kann dann im Gegenzug den anderen Gegenstand nehmen.
Alle anderen Kinder nehmen ihre Tauschobjekte wieder an sich und das nächste Kind macht ein Angebot.
Ist das erste Kind jedoch mit den Tauschangeboten nicht einverstanden, lässt es alle Angebote in der Mitte liegen.
Die Tauschpartner können dann entweder ihre Angebote erhöhen, indem sie weitere Gegenstände dazulegen oder ihre Angebote zurückziehen, und die Runde setzt sich fort.
Kein Kind darf während der gesamten Tauschverhandlungen sprechen!

Venezianische Kaufmannsmütze

Die venezianischen Kaufleute des Mittelalters waren gut an ihren schwarzen Mützen und langen schwarzen Roben zu erkennen.

Material: 1 großes Stück schwarzes Buntpapier, schwarzes Krepppapier (oder schwarzer Filz), Maßband, Bleistift, Schere, Tacker; evtl. schwarzer Filz
Alter: ab 4 Jahren

Die Spielleitung oder eines der Kinder misst mit dem Maßband den Kopfumfang des jeweiligen Kindes aus.
Sie markiert mit Bleistift auf dem Buntpapier die ausgemessene Länge plus 2 cm und eine Breite von 3 – 4 cm.
Die Kinder schneiden den Buntpapierstreifen passend zu.

Die Spielleitung tackert beide Enden fest.
Jedes Kind malt mit Bleistift einen großen Kreis auf dem Krepppapier auf, der mind. 10 cm mehr Umfang als der gemessene Kopf hat.
Wer die Kaufmannsmütze etwas fülliger möchte, kann weitere 10 cm oder mehr dazugeben.
Die Kinder schneiden den Kreis aus und tackern ihn entlang des Buntpapierstreifens fest.
Bitte darauf achten, dass das Krepppapier an der Innenseite des Buntpapierstreifens ein ganzes Stück übersteht.
Das Krepppapier beim Tackern etwas raffen, so dass an einigen Stellen Falten entstehen.

Kaufmannsrobe

Zur venezianischen Kaufmannsmütze gehört natürlich eine feine schwarze Robe.

Material: 1 Stück schwarzer Stoff (1,5 – 2 m lang und 90 cm breit), Schere; evtl. Nähmaschine, schwarzes Nähgarn; evtl. Gürtel oder Band (1 – 1,2 m lang)
Alter: ab 4 Jahren

Den Stoff in der Mitte und dann einmal längs falten.
Um Unregelmäßigkeiten zu vermeiden, darauf achten, dass die Stoffkanten genau aufeinander liegen.
Am Schnittpunkt der Stoffkanten so viel Stoff ausschneiden, dass ein Kopf hindurch passt.
Nicht unbedingt notwendig, aber empfehlenswert ist es, von einem Erwachsenen mit einer Nähmaschine den Saum umnähen zu lassen.
Die Robe nun einfach über den Kopf ziehen.
Wer möchte, kann um die Taille ein Band oder einen Gürtel binden.

Gewürze

Ein für die Handelswelt besonders wichtiges Zentrum viele 100 Jahre vor christlicher Zeitrechnung war die am Schwarzen Meer gelegene Weltstadt Byzanz, die im 4. Jh. nach christlicher Zeitrechnung der römische Kaiser Konstantin d. Gr. in Konstantinopel umbenennen ließ und die heute Istanbul heißt. Byzanz galt als Angelpunkt des internationalen Gewürzhandels, der sich seit der Zeit der Phönizier immer als besonders ertragreich erwiesen hatte. Indische Kaufleute handelten mit exotischen Gewürzen wie Zimt, Pfeffer, Weihrauch, Myrrhe, Muskatnuss, Gewürznelken, Kardamom, Ingwer und Kurkuma. Nach den islamischen Eroberungen im 8. Jh. übernahmen arabische Kaufleute dieses Geschäft. Gewürze bereichern eine Speise mit Geschmack und Aroma. Alles was wir essen, muss gut riechen und gut schmecken, sonst bekommen wir keinen Appetit. Schon die Steinzeitmenschen kannten Gewürze, doch die meisten unserer heutigen Aromen stammen ursprünglich aus Indien und Indonesien. Die Menschen benötigten Gewürze auch als Heilmittel, Salben und Parfüm. Selbst das Konservieren von Nahrungsmitteln ist durch Gewürze möglich und war besonders wichtig, als es noch keine Kühlschränke gab. Weil Gewürze Lebensfreude und Gesundheit bringen, galten sie immer als etwas Kostbares.

Gewürze schnuppern

Gewürze durch den Geruchsinn wahrzunehmen ist Ziel dieser Aktion.

Material: verschiedene Gewürze, kleine Teller, Schal oder Tuch
Alter: ab 3 Jahren

Die Kinder verteilen die verschiedenen Gewürze auf kleine Teller.
Die Spielleitung verbindet einem freiwilligen Kind die Augen.
Die anderen Kinder suchen sich ein Gewürz aus und lassen das Kind daran schnuppern.

● An was erinnert der Geruch?
● Gibt es bestimmte Speisen, die diesen Geruch haben?

● Wo habe ich so etwas Ähnliches schon einmal gerochen?
● Welches Gewürz könnte es sein?

Wer mit seiner Nase das Gewürz nicht errät, darf auch ruhig ein bisschen naschen.

Gemüsecurry der indischen Gewürzhändler

Dieses Gericht stammt aus Indien und wird mit vielen leckeren Gewürzen gekocht.

Material: 1 großer Topf, Küchenmesser, Brettchen, 1 Pfanne
Zutaten für 4 Personen: 500 g Reis, 2 kleine Kartoffeln, 1 Pastinake, 2 – 3 Karotten,

2 – 3 weiche Tomaten, 3 EL Erbsen, 1 kleine frische Ingwerknolle, 1 EL Zitronensaft, je 1 TL Majoran, Cumin, Coriander, Muskat, schwarzer Pfeffer, Gelbwurz, Zimt, 1 Msp brauner Rohrzucker, 1 Pr Salz, Butter zum Dünsten, etwas Wasser, Petersilie zur Dekoration

Reis mit doppelter Menge Wasser in einen Topf geben und auf dem Herd zum Kochen bringen.
Gemüse gründlich waschen, schälen und in kleine Stücke schneiden.
In einer Pfanne Butter schmelzen.
Alle Gewürze unter ständigem Rühren andünsten.
Eventuell etwas Wasser zugeben, damit die Gewürzmischung nicht am Boden der Pfanne kleben bleibt.
Nachdem der Reis kurz aufgekocht ist, von der Herdplatte nehmen und mit dem Topfdeckel gut abgedeckt ca. 15 – 20 Minuten stehen lassen.
Das Gemüse zu den Gewürzen in die Pfanne geben und 5 – 10 Minuten dünsten, bis alles gar ist.
Zitronensaft untermischen, mit Salz abschmecken und auf einem Teller mit dem Reis anrichten.
Gehackte Petersilienblätter auf das Gemüsecurry streuen.

Eine Stange Geld und gepfefferte Preise

Gewürznelken, Muskatnuss, Pfeffer und Zimt waren die teuersten Gewürze und dienten lange Zeit als Zahlungsmittel. Daher kommen übrigens die Redewendungen: „Eine Stange Geld!" und „gepfefferte Preise". Die Händler, die auch etwas spöttisch „Pfeffersäcke" genannt wurden, wussten auf den Gewürzmärkten die Unwissenheit ihrer Kunden über die Herkunft der Gewürze geschickt für ihre Geschäfte auszunutzen. Je unwahrscheinlicher eine Geschichte über ein

Gewürz war, umso höher handelten die Händler den Preis. So erfanden sie z. B. die Geschichte, dass es sich bei Zimtstangen um edle Hölzer handele, mit denen sich seltene Vögel ihre Nester bauten. Was für Geschichten könnten sie über den Pfeffer, die Vanilleschoten, die Muskatnuss und die vielen anderen Gewürze erzählt haben?

Material: Gewürze, Papier, Buntstifte oder Wasserfarben
Alter: ab 6 Jahren

Die Spielleitung wählt mit der Gruppe ein paar Gewürze aus, die alle Kinder kennen.
Jedes Kind fertigt auf dem Papier mit Wasserfarben oder Buntstiften ein Bild von der Herkunft eines von ihm ausgewählten Gewürzes an.
In einer anschließenden Gesprächsrunde erzählt jedes Kind seine Geschichte über das jeweilige Gewürz und stellt dabei sein Bild vor.

Duftschale

Die Düfte der wunderbaren Früchte und Gewürze aus Indien und Indonesien verzauberten die Europäer. Eine Schale, die Orangen- und Zimtduft verbreitet, macht gute Laune.

Material: 1 flache Tonschale, verschiedene Aromen (z. B. Zimtstangen, Gewürznelken, getrocknete Orangenschalen, getrocknete Holunderbeeren)
Alter: ab 4 Jahren

Die Kinder legen das Gewürz in eine flache Tonschale und stellen sie im Zimmer auf. Schon entwickelt sich ein wunderbar angenehmer Duft im Zimmer.

Tipp
Nach dem Verzehr von Apfelsinen oder Mandarinen, die Schalen nicht wegwerfen, sondern auf die Heizung legen!

Gewürzinseln

Viele der in Europa so begehrten Gewürze stammten von den sog. Gewürzinseln, den Molukken. Außer den Portugiesen wusste niemand auf der Welt etwas über die geografische Lage dieser Inseln – bis zum Jahre 1599. Da fanden die Holländer den Weg zu den Gewürzinseln heraus und rissen die Herrschaft über die Inseln an sich. Doch vorher verschafften die dort erworbenen Gewürze den Portugiesen unglaublichen Reichtum in Europa. Daher war es besonders wichtig, den Ort der Inseln vor dem Rest der Welt geheim zu halten. Plauderte ein Portugiese etwas darüber aus, drohte ihm die Todesstrafe.

Gewürztee

Aus den typischen Molukken-Gewürzen kann ein leckerer Tee zubereitet werden, der besonders bei kalter Jahreszeit wohl tut und auch Kindern gut schmeckt.

Material: 1 Teekanne, Teesieb, Tassen
Zutaten pro Liter: 1 EL Kakaoschalen oder Kakaopulver, 1 Zimtstange oder 1 TL Zimtpulver, 1 TL getrocknete Nelken, 1 TL Pfefferkörner, 1 – 2 frische Ingwerscheiben, 1 TL Kardamom, 1 Päckchen Vanillezucker, 1 l kochendes Wasser; evtl. Milch, Rohrzucker

Alle Zutaten mischen und in einer Kanne mit kochend heißem Wasser übergießen.
Nach 7 Minuten den Tee absieben.
Den Tee in Tassen füllen und nach Geschmack mit Milch und Rohrzucker abschmecken.

Einen Basar organisieren

Dieses Projekt ist v. a. für größere Kindergruppen wie Schulklassen und Kindergärten gedacht. Es geht darum, Kindern anschaulich den Weg von der Warenherstellung, über den Verkauf bis hin zum Käufer zu vermitteln.
Zur Planung eines Basars gehören viele Dinge: *vorab Eindrücke auf anderen Basaren sammeln, nach einem geeigneten Ort suchen, die Verkaufsgegenstände sammeln oder selbst herstellen, Werbezettel anfertigen und verteilen und gemeinsam überlegen, was mit den Einnahmen geschehen soll. Ein solches gemeinsames Projekt fördert nicht nur das Miteinander in einer Gruppe, es macht den Kindern auch viel Spaß, wenn sie sich je nach ihren Interessen und Fähigkeiten einbringen können.*

Material: Bleistift, Papier; evtl. Kassettenrecorder und Fotoapparat, Klebeetiketten
Alter: ab 5 Jahren

Informationen sammeln

Während eines gemeinsamen Besuches auf einem Flohmarkt oder einem Basar können die Kinder beobachten, welche Waren die Menschen dort anbieten und wer etwas einkauft. (In den Wintermonaten bzw. kurz vor Ostern sind in den meisten Städten und auf den Dörfern regelmäßig Basare bzw. Märkte.)
- Wie viel kosten die angebotenen Dinge?
- Können die Menschen die Preise herunterhandeln und wenn ja, mit welchen Argumenten machen sie das?
- Welche Gründe nennen die Verkäufer dafür, dass sie einen hohen Preis aufrecht erhalten wollen?
- Was wird mit den Einnahmen geschehen?

- Wird davon etwas Gemeinnütziges angeschafft oder werden die Einnahmen einer Organisation gespendet?
- Wenn es sich anbietet, Interviews auf Kassettenrecorder aufnehmen und Fotos machen!
- Eindrücke sammeln und aufschreiben.
- Die jüngeren Kinder malen ein Bild von ihrem Basarerlebnis.

Ort

Gemeinsam mit den Kindern überlegen, wo der eigene Basar stattfinden soll. Für den Basar benötigt die Gruppe einen größeren Raum, in dem genügend Platz für alle Basarstände und für einige Besucher ist. Der Ort sollte ebenfalls zentral gelegen und gut zu erreichen sein, damit die nötigen Besucher nicht ausbleiben. Gemeindehäuser eignen sich z. B. sehr gut. Vielleicht bietet sich aber auch der eigene Kindergarten oder ein Klassenzimmer an.

Termin

Ist ein Ort gefunden, wo der Markt stattfinden kann, muss ein Termin gefunden werden, an dem möglichst viele Beteiligten teilnehmen können und an dem die Örtlichkeit kostenlos ist.

Waren herstellen

Mit den Kindern überlegen, was sie auf dem Basar verkaufen wollen. Die Kinder können nicht mehr benötigte Bücher, Kleidungsstücke und Spielsachen sammeln und auf dem Basar anbieten. Kuchen und Getränke sind auf Basaren gerne gesehen. Wenn die Eltern mithelfen, kann dies eine zusätzliche Einnahmequelle bedeuten. Im Rahmen einer Projektwoche ist aber auch das eigene Herstellen von Waren möglich.

Motto

Es empfiehlt sich, den Basar unter ein Motto zu stellen.
- **Osterbasar:** Die Kinder können für einen Osterbasar Eier ausblasen und sie bemalen, Hefezöpfe backen und Osterschmuck basteln.
- **Weihnachtsbasar:** Für einen Weihnachtsbasar stellen die Kinder Tannenbaumschmuck her und verkaufen selbst gemachte Weihnachtskekse.
- **Basar rund um's Geld:** Selbst gebastelte Sparschweine und Sparstrümpfe lassen sich sicher genauso gut verkaufen wie schön gestaltete Fantasiegeldscheine, Pachisi-Spiele und Muschelketten.

Preise

Gemeinsam die Preise für die angebotenen Waren festzulegen, ist eine schwierige Aufgabe. Im Gespräch äußern die Kinder unterschiedliche Preisvorstellungen, die dann aufgegriffen und diskutiert werden sollten. Folgende Fragen können sich ergeben:
- Nach welchen Kriterien legen wir den Preis fest?
- Spielen dabei Arbeitszeit und Materialkosten eine ebensolche Rolle wie die Seltenheit eines Gegenstandes oder auch ästhetische Gesichtspunkte?
- Gibt es noch andere Argumente?
- Vielleicht möchte ich etwas nur zu einem teuren Preis abgeben, was mir selber viel bedeutet?
- Kaufgewohnheiten der potentiellen KäuferInnen müssen ebenso bei der Preisfestlegung berücksichtigt werden.
- Vielleicht einigen sich die Kinder auch auf einen „Verhandlungspreis". Das bedeutet, dass die Verkäufer durchaus willig sind, den Preis bis zu einer festgelegten Grenze zu senken, wenn die angebotene Ware zum ursprünglichen Preis nicht verkauft wird.

Nachdem die Preise festgelegt wurden, wird jeder Artikel mit einem Preisschild ausgestattet. Je nach Ware können das Klebeetiketten oder angehängte Schildchen sein. Manchmal reicht auch, Waren zu gruppieren und mit kleinen Standschildchen auszuzeichnen.

Werbung

Ist der Termin für den Basar festgelegt, ein geeigneter Raum gefunden und sind die Waren ausgewählt, können die Kinder mit der Werbung beginnen. Handzettel und Plakate malen, diese kopieren und an Orten auslegen und aufhängen, an denen viele Menschen vorbeikommen: Das kann der Supermarkt sein, die Bushaltestelle, Geschäfte und die Schule. Wichtige Informationen, die auf den Werbezetteln nicht fehlen dürfen: das Datum, die Uhrzeit und der Ort, wo der Basar stattfinden soll. Darüber hinaus sollte auch zu lesen sein, was auf dem Basar verkauft wird und ob es ein Motto gibt. Wenn es Kuchen und Getränke auf dem Basar gibt, dieses ebenfalls auf den Werbezettel schreiben.

Verkauf

Während der Verkaufszeit müssen immer Verkäufer am Stand anwesend sein, um die Käufer zu beraten und die Ware zu verkaufen, andererseits beaufsichtigen sie die Kasse und kontrollieren die Einnahmen. Vorher genügend Wechselgeld besorgen, damit es beim Kassieren keine Probleme gibt. Gemeinsam überlegen, wer wie lange die Aufgabe der Verkäufer übernimmt. Es empfiehlt sich, dass immer mehrere Kinder eine halbe Stunde gemeinsam am Verkaufsstand präsent sind, bis die nächste Gruppe als Ablösung kommt. Gut ist es, vorher eine Liste zu machen, auf der steht, welche Kinder wann mit dem Verkaufen an der Reihe sind.

Erlös

Grundsätzlich sollten die Kinder selber bestimmen dürfen, was mit dem Erlös aus den Einnahmen passiert. Bei einem solchen größer angelegten Projekt, das die Kinder gemeinsam planen und durchführen, empfiehlt es sich, dass die gemeinschaftlich erwirtschafteten Einnahmen einer gemeinsamen Anschaffung dienen und nicht einfach bloß untereinander aufgeteilt werden. Vielleicht möchten die Kinder aber auch von dem Geld zusammen einen Ausflug machen oder ein Theaterstück besuchen. Ältere Kinder sind oft schon bereit, die Einnahmen einer wohltätigen Organisation zu spenden. Wichtig ist: Vorab will eine solche Entscheidung sorgfältig überlegt und abgewogen werden.

Die Ballade vom venezianischen Kaufmann

Ein Kaufmann lebte in Venedig
und war im Allgemeinen ledig,
morgens ging er am Fluss baden,
danach eilte er in seinen Laden.

Er stand darin tagein, tagaus
und sprach ganz gern mit seiner Maus,
die lange auch schon bei ihm wohnte
und manchmal ihn mit Rat entlohnte.

Einmal, im Sommer, es war heiß,
die Leute schrien nur noch „Eiiiis",
da kam dem Kaufmann die Idee,
„Ich mach' eins auf: ein Eis-Café."

„Juchee", schrie da die Freundin Maus,
„ich bin beglückt, das kommt groß raus.
Doch tanz' jetzt nicht nur noch im Kreis,
die Sach' hat schließlich ihren Preis."

Der Kaufmann wusste, was sie meinte,
er war bekannt in der Gemeinde.
Sein Ruf war nicht gerade toll,
das Handeln stimmte ihn in Moll.

Den Kindern, die kein Geld besaßen,
ließ er auch schon einmal zum Spaßen
ein, zwei, drei Kugeln frei hinaus,
es machte ihm halt schlicht nichts aus.

Leicht gab er seine Ware raus,
es machte ihm so wenig aus.
So schaffte er kein Geld beiseite
und trieb den Laden Richtung Pleite.

Zwar war der Laden krachend voll,
die Leute waren ja nicht toll.
Der Umsatz stieg hinauf und höher,
sein Reichtum schrumpfte, das war blöder.

Das konnte so nicht lange bleiben,
da Handeln ist kein Zeitvertreiben.
Eine Lösung musste her und fix.
Die Lösung war: „Erst Geld, sonst nix."

Der Kaufmann war begeistert
und schritt auch gleich zur Tat.
Er setzte sie hinauf, die Preise,
er war sehr stolz, auf seine Weise.

Was glaubt ihr, sollte Eis jetzt kosten?
Ich trau' mich kaum, es zu berichten.
Doch es hilft jetzt auch kein Trick:
5 Euro, 5!, er war verrückt.

Die Preise rannten hoch hinauf,
die Kunden machten Dauerlauf,
nicht in sein Eis-Café, zu ihm,
zum anderen am Marktplatz hin.

Da schrak er auf, die Maus nun auch,
denn was geschah, geschah zuhauf.
Nicht einer kam mehr zu ihm rein,
schon mittags schloss er zu, ging heim.

Der Kaufmann Trübsal blies für Wochen,
die Trauer kroch in seine Knochen,
er aß nichts mehr, trank auch kein Wasser,
da war ganz klar, er wurde blasser.

Das konnte er nicht ignorier'n,
er kroch zu Kreuze und auf Vier'n.
Er klopfte an des Mäusleins Tür
und hoffte auf 'nen Rat von ihr.

„Liebe Maus, ich habe Sorgen,
die Gläubiger, sie kommen morgen.
Wenn ich nicht zahle und das direkt,
dann schließen sie den Laden, jetzt."

Die Maus zögerte noch einmal,
doch dann sprach sie ganz ohne Qual:
„Woran's dir mangelt ist Verständnis
für das wirtschaftliche Tauschverhältnis.

Verkauf und Tausch sind zwar ein Spiel,
doch keines ohne ernstes Ziel,
leicht verliert man hier die Sicht,
weil es sehr verwickelt ist.

Niemand zahlt mehr als er muss,
knack, das ist des Kaufmanns Nuss.
Denn bleibt er unterhalb der Kosten,
sitzt bald ein andrer auf dem Posten.

Alle hoffen's, doch ist ein jeder
nur des eignen Glückes Jäger,
wie von unsichtbarer Hand
das Wohl aller kommt zu Stand."

Der Kaufmann starrte lang ins Leere
als ob es nicht begreiflich wäre.
Im Gesicht der Maus fand sich ein Grinsen,
sie war stolz auf ihrer Weisheit Binsen.

So achtete er jetzt auf die Preise,
natürlich auf die nette Weise,
doch sorgte er sich auch präzis,
dass nichts mehr die Balance verließ.

Komm, wir gehen auf den Markt!

Der Ort, an dem die Menschen wirtschaftlich handeln, ist der Markt. Am Bekanntesten sind der Flohmarkt, der Weihnachtsmarkt, der Jahrmarkt und der Wochenmarkt. Allen diesen Märkten ist gemein, dass an einem bestimmten Platz zu einer festgelegten Zeit die Händler ihre Waren öffentlich anbieten und Menschen diese Waren kaufen können.

Auf dem Flohmarkt sind es meistens Kinder, die ihre alte Spielsachen verhökern wollen, aber auch Sammler bieten dort seltene Antiquitäten an. Auf dem Weihnachtsmarkt können wir Weihnachtsgeschenke erwerben, heißen Punsch trinken, Lebkuchen essen und uns auf Weihnachten einstimmen. Gemüsehändler bauen ihre Stände auf dem Wochenmarkt auf und bieten dort die verschiedenen Lebensmittel an, die sie zuvor auf einem anderen Markt erstanden haben, auf dem nur die Händler selbst einkaufen dürfen. Diese Märkte heißen Großmärkte. Aber auch Bauern haben ihre Stände auf dem Wochenmarkt. Sie verkaufen selbst angebautes Gemüse oder Milch von ihren eigenen Kühen und Eier, die von ihren Hühnern stammen.

Ein Markt besteht also immer aus zwei Seiten, zum einen den Anbietern und zum anderen den Personen, die diese angebotene Ware kaufen wollen. Die potentiellen Käufer heißen Konsumenten, weil sie die Waren nicht weiterverkaufen, sondern selbst konsumieren. Das Wort „consumere" kommt aus dem Lateinischen und bedeutet kaufen, verzehren und verbrauchen.

Daher ist auch die Bezeichnung „Verbraucher" üblich. Ein Markt ist also erst einmal nichts anderes als das bloße Zusammentreffen von Waren, die zum Verkauf dargeboten werden, und den Wünschen nach diesen Waren. Das heißt Angebot und Nachfrage.

Und dann gibt es noch die großen Supermärkte, jene riesigen Selbstbedienungsläden mit einem nahezu unüberschaubaren Warenangebot. Hier sind die Händler für uns nicht mehr sichtbar und die Preise der Waren von scheinbar unsichtbarer Hand festgelegt worden. Durch direktes Verhandeln können hier Preise nur noch selten verändert werden, trotzdem bestimmen auch hier die Konsumenten indirekt, wie teuer sich eine Ware verkaufen lässt.

Und damit sprechen wir eine ganz wichtige Sache an: den Preis. Sicher fragen sich viele, wer nun die Preise im Supermarkt bestimmt und wer dafür Sorge trägt, dass dort immer gerade so viel Jogurt und Milch im Regal steht, wie die Konsumenten kaufen wollen. Wird dort zu wenig Jogurt und Milch angeboten, gehen einige Menschen leer aus. Wenn aber zu viel angeboten wird, verdirbt ein Teil der Ware.
Abhängig davon, wie viele Waren die Anbieter mitbringen und wie viele davon die Konsumenten kaufen wollen, werden von Anbietern und Konsumenten die Warenpreise ständig neu verhandelt. Auf einem Flohmarkt können wir das sehr gut beobachten. Der Händler nennt die genaue Geldsumme, die er für einen Gegenstand haben möchte. Ist dem Käufer dieser Preis zu hoch, versucht er durch geschicktes Handeln, ihn zu senken. Verständlicherweise möchte wohl jeder von uns möglichst wenig Geld für etwas ausgeben.

Die Waren, die wir im Supermarkt kaufen können, müssen zunächst einmal hergestellt und beschafft werden. Und das kostet schon viel Geld. Es beginnt mit den Materialkosten, den Kosten für die Fabrikhallen und die Maschinen, mit denen die Waren hergestellt werden, den Lohnkosten für die Arbeiter, die diese Maschinen bedienen, und den Transportkosten, um die Waren an den gewünschten Ort zu bringen. Die Unternehmer, deren Firmen diese Ware herstellen und beschaffen, berechnen aus all diesen Kosten einen sog. Mindestpreis. Erhält das Unternehmen für seine Waren einen Preis, der niedriger ist als seine Kosten, wird es irgendwann keine Waren mehr herstellen können, denn es macht auf diese Weise Verluste. Für die Herstellung bestimmter Waren benötigen die Unternehmen oft große und sehr teure Maschinen. Stellt eine Produktionsfirma nur wenige Waren damit her, sind die Ausgaben z. B. für den Strom, den die Maschine benötigt, sehr hoch. Ob eine Ware hergestellt wird, hängt deshalb auch von den Konsumenten ab. Wenn sie von manchen Sachen sehr wenig kaufen möchten und es sich nicht lohnt, deswegen die großen Maschinen zu starten, stellen die Unternehmen diese Waren auch nicht her. Eine riesige Autofabrik wird sicher nicht in Gang gesetzt, wenn nur ein einziges Auto gewünscht wird.

Das Unternehmen möchte aber durch den Verkauf seiner hergestellten Waren nicht nur seine Ausgaben erwirtschaften, sondern auch noch etwas zusätzliches Geld dabei verdienen. Es möchte Gewinn machen. Also schlägt es einen höheren Preis für die entsprechende Ware vor. Das Geld, das nach dem Verkauf und nach Abzug aller Kosten übrig bleibt, nachdem also Arbeiter, Strom für die Maschinen und alles andere bezahlt sind, ist der Gewinn.
Ein Unternehmen kann den Käufern aber den von ihm vorgeschlagenen Preis für seine Produkte nicht einfach aufzwingen. Das geht höchstens, wenn es der einzige Hersteller dieser Ware ist. Es hat dann ein sog. Monopol auf die Herstellung seiner Ware. Damit ist gemeint, dass es alleine die Ware herstellt und hohe Preise verlangen kann, weil es keine Konkurrenz hat.
Oft stellen aber mehrere Unternehmen dieselben Waren her und die Menschen können entscheiden, ob sie die Waren von dem einen oder

dem anderen Hersteller kaufen. Zwischen den Unternehmen herrscht dann Konkurrenz oder Wettbewerb um die Konsumenten. In diesem Fall nutzt es einem Unternehmer nichts, wenn er seine Waren viel zu teuer anbietet und die Leute stattdessen die Waren eines anderen Unternehmens kaufen. Jedes Unternehmen möchte seine Waren loswerden, und die Leute kaufen diese in der Regel eher, wenn sie billiger sind. Damit die Leute die Waren kaufen, muss der Preis attraktiv sein. Das bedeutet normalerweise, dass die Nachfrage nach Waren durch niedrige Preise angeregt wird. Wenn wir besondere Superangebote sehen, überlegen wir uns bestimmt eher einmal, etwas zu kaufen, weil es ja so günstig ist, obwohl wir unser neu erstandenes Schnäppchen vielleicht gar nicht so furchtbar dringend brauchen. Mit ihrem Kaufverhalten verhandeln die Konsumenten also über den Preis, obwohl sie im Supermarkt nicht unmittelbar um den Preis feilschen. Auf diese Weise herrscht ein Gleichgewicht von Angebot und Nachfrage.

Sicher haben wir schon oft beobachtet, wie Dinge im Laufe der Zeit billiger geworden sind, weil die Nachfrage größer wurde. Die Unternehmen stellen dann mehr von den begehrten Waren her und auch neue Unternehmen beginnen diese zu produzieren. Natürlich werden die Unternehmen Waren nur dann in hoher Stückzahl anbieten, wenn der Preis mind. ihre Kosten deckt. Diese Kosten können aber auch sinken. Denken wir an die ersten Computer, die nur für wenige Leute erschwinglich waren. Inzwischen, da fast jeder Haushalt einen Computer besitzt, sind die Herstellungskosten enorm gesunken und die Computer daher viel billiger als am Anfang. Neue technische Errungenschaften und der Bau neuer Fabriken senken die Preise, und die Unternehmen können die Computer billiger anbieten.

Die Kosten senken die Unternehmen aber auch, indem sie ihre Waren in anderen Ländern produzieren. Dort müssen sie nicht so hohe Löhne für die Arbeiter bezahlen und die auswärtigen Fabriken unterliegen nicht immer den neuesten Sicherheitsbestimmungen. Damit spart das Unternehmen viel Geld und kann seine Waren zu einem niedrigeren Preis verkaufen. Wenn uns eine Ware übertrieben billig erscheint, sollte uns das skeptisch machen. Vielleicht können wir vor dem Kauf nachfragen, wo die Waren hergestellt werden, welche Materialien dafür benutzt wurden und wie die Arbeitsbedingungen der Menschen aussehen, die an der Herstellung beteiligt sind. Denn wenn wir etwas deshalb nicht kaufen, weil uns die Art und Weise der Herstellung nicht gefällt, nehmen wir ebenso Einfluss auf das Marktgeschehen, wie wenn wir etwas nur kaufen, weil es besonders billig ist.

Aber nicht jeder Markt ist an einen bestimmten Ort gebunden und nicht immer besteht ein Markt aus Händlern, die irgendwo ihren Stand aufbauen und mit denen wir über die Preise der Waren direkt verhandeln und feilschen können. So ist auch der Arbeitsmarkt ein Markt, auf dem zwar keine Waren, dafür aber Arbeit und Arbeitslöhne angeboten werden.

Hexenmarkt

In der Nähe von Offenburg spielen die Kinder an Fasching Hexenmarkt. Aus allen Gemüse- und Obstsorten, die sonst auf dem Wochenmarkt verkauft werden, basteln sie kleine Hexen, die böse Geister vertreiben und für ein ertragreiches neues Jahr der Markthändler sorgen sollen.

Material: Kartoffeln, Karotten, Sellerie, Stöcke, kl. Handbohrer, Stoffreste, Nähzeug, kl. Knöpfe oder Perlen, selbst gemachter Kleister aus Mehl und Wasser, Schneebesen; evtl. Schnitzmesser
Alter: ab 4 Jahren

Mehl und Wasser zu gleichen Teilen verrühren, bis der Kleister eine klebrige Konsistenz hat.
Ein kleines Loch in die Kartoffel bohren und auf den Stock stecken. Das wird der Kopf.
Für die Nase der Hexe das flache Ende einer kleinen Karotte mit dem zähflüssigen Kleister beschmieren und auf die Kartoffel kleben.
Rechts und links zwei Selleriestangen an den Stock kleben, so bekommt die Hexe zwei Arme.
Stoffreste um den Stock wickeln.
Ein dreieckiges Stück Stoff um den Kartoffelkopf gewickelt ist ein schönes Hexenkopftuch.
Perlen und Knöpfe werden zu leuchtenden Hexenaugen.
Wer will, kann mit dem Schnitzmesser Falten und Runzeln in das Hexengesicht schnitzen.

Die Läden in unserer Straße

Welche Geschäfte gibt es in unserem Stadtviertel? Was können wir dort kaufen? Wer arbeitet dort? Diese Aktion eignet sich, die eigene Umgebung sowie das Einkaufen kennen zu lernen.

Material: Fotoapparat, große Pappe, Klebestift, Filzstifte
Alter: ab 5 Jahren

Die TeilnehmerInnen überlegen gemeinsam, welche Geschäfte es im Stadtviertel gibt und welche Dinge die Leute dort kaufen können. Welche Geschäfte kennen die Kinder gut, welche weniger gut?

Aktion
Auf einem gemeinsamen Spaziergang durch das Viertel erkunden die Kinder die Läden. Jedes Kind darf ein Foto von einem Geschäft machen. Die Kinder können die VerkäuferInnen in den Geschäften nach den Kaufgewohnheiten der KundInnen befragen und herausfinden, wie viele Leute dort arbeiten.

Informationstafel

Die Fotos entwickeln und vergrößern lassen und auf eine große Pappe kleben. Neben jedes Foto mit Filzstift alle ermittelten Informationen schreiben.

Vorüberlegungen

Gemeinsam überlegen, welche Geschäfte in der Umgebung fehlen.

- Gibt es hier vorwiegend Lebensmittelgeschäfte oder Möbelhäuser?
- Gibt es mehr Kaufhäuser und Supermärkte als sog. Tante Emma-Läden?
- Müssen die Menschen in die nächste Stadt fahren, wenn sie etwas Bestimmtes benötigen, was es hier nicht zu kaufen gibt?
- Wohnen die Menschen, die in den Geschäften arbeiten, auch in unserem Stadtteil oder müssen sie jeden Morgen von weit her anreisen, um hier zu arbeiten?
- Wo kommen die Waren her?

Variante

Leben die Kinder in der Stadt, lohnt sich ein gemeinsamer Ausflug aufs Dorf. Folgende Fragen dienen dabei als Anregung:

- Wo kaufen die Leute hier ein?
- Welche Geschäfte gibt es hier?
- Holen sich die Leute Milch und Gemüse vielleicht gar nicht in einem Geschäft, sondern auf einem Bauernhof?
- Fahren die Bauern in die Stadt, um dort auf dem Markt Obst und Gemüse aus ihrem Anbau zu verkaufen?

Das Portmonee

Wenn wir zum Einkaufen unterwegs sind, tragen wir unser Geld meist in einem Geldbeutel bei uns. Dieser kleine Behälter heißt auch Portmonee. Das französische Wort „portemonnaie" ist gleichbedeutend mit Geldtasche. „Porter" heißt tragen und „monnaie" Münze. Portemonnaie bedeutet also nichts anderes als „Münzen tragen". Das Wort „monnaie" stammt vom lateinischen „moneta". Die alten Römer ließen nämlich ihre Münzen im Tempel der Göttin Juno Moneta prägen und bezeichneten ihr Geld als „moneta". In der Umgangssprache nennen wir daher Geld auch Moneten. Das spanische „moneda" und das englische „money" hat ebenfalls diesen Ursprung.

Ein Portmonee nähen

Wer sein Geld beim Einkaufsbummel nicht einfach in die Hosentasche stecken möchte, braucht ein Portmonee.

Material: Filz (21 x 8 cm), Bleistift, Lineal, Schere, Wollreste, dicke Stopfnadel, 1 Knopf, Nähgarn, Nähnadel; evtl. Häkelnadel
Alter: ab 6 Jahren

Den Filz entsprechend der Vorlage zuschneiden. Auf dem zugeschnittenen Filzstück 8 cm vom unteren Rand nach oben abmessen und mit Bleistift eine waagerechte Markierungslinie zeichnen.
Von dieser Linie aus weitere 8 cm aufwärts abmessen und eine weitere Linie zeichnen, so dass der Filz nun in drei Teile geteilt ist.
Das untere Teil nach oben klappen.

Den Wollfaden in die Nadel fädeln und die seitlichen Ränder der beiden unteren Teile zusammennähen. So entsteht eine Tasche.
In die obere Klappe ein Knopfloch schneiden, das der Größe des Knopfes entspricht.
Den Knopf auf der Außenseite der Tasche annähen.
Knopf durch das Knopfloch ziehen – fertig ist das Portmonee.

Variante

Zur Verzierung kann mit einem andersfarbigen Wollfaden am oberen Rand entlang genäht werden. Dabei wird eine kleine, mit Luftmaschen gehäkelte Schlaufe am mittleren oberen Rand angebracht, durch die der Knopf passt.

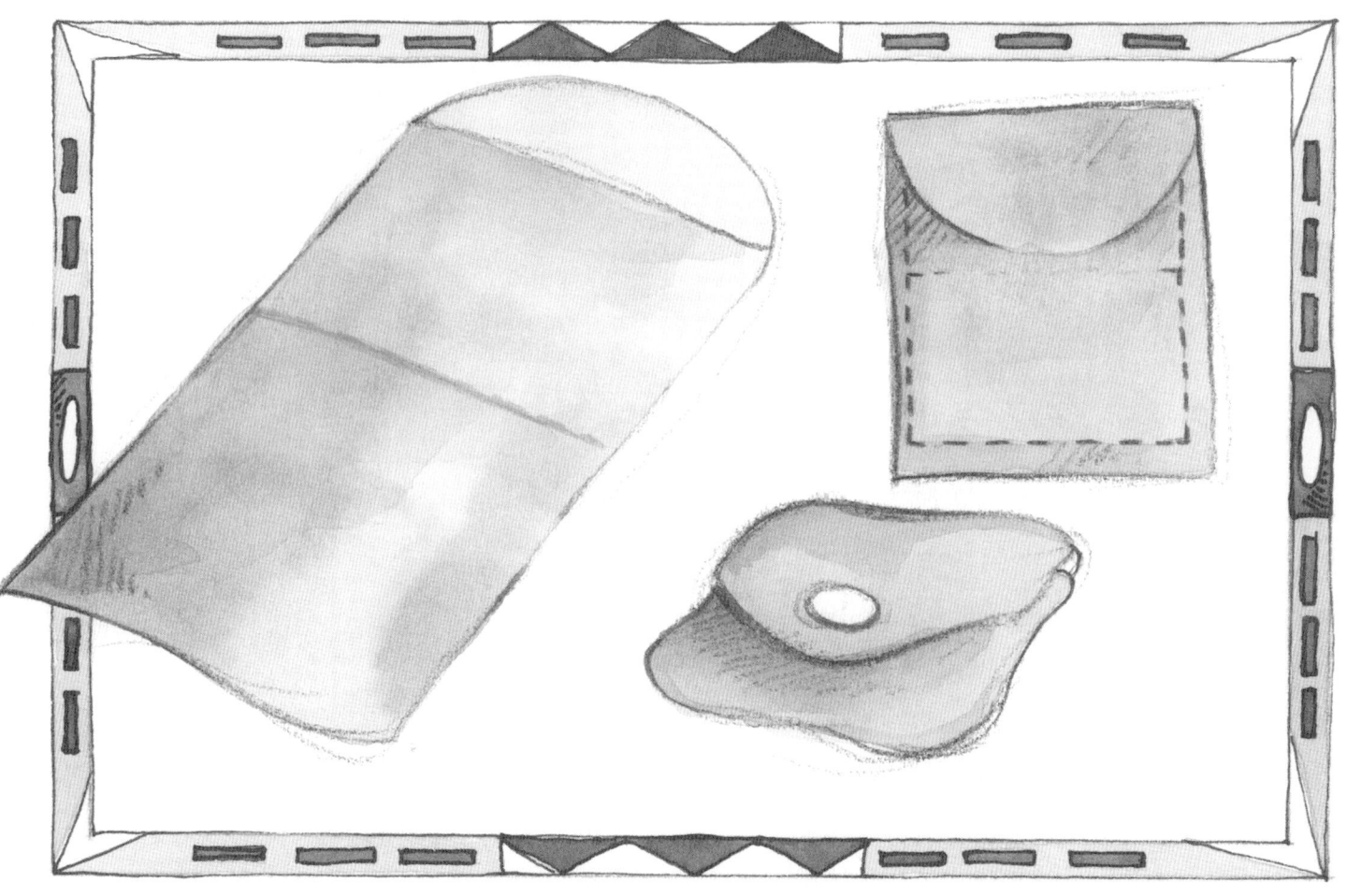

Kleiner Kaufmannsladen

Aus ein paar ausrangierten Schuhkartons lässt sich ohne viel Aufwand ein kleiner Laden bauen.

Material: 2 längliche Kartons (ca. 90 cm breit), mehrere Schuhkartons in verschiedenen Größen, Klebstoff, Plakafarbe, Pinsel
Alter: ab 5 Jahren

Die zwei länglichen Kartons aufeinander kleben. Sie bilden die Basis des Kaufladens.
Darauf weitere kleine Schuhkartons mit der Öffnung nach vorne über- und nebeneinander kleben.
Der Laden bekommt sein typisches Aussehen, wenn die Mitte offen bleibt und jeweils rechts und links mehrere Kartons aufeinander geklebt kleine Regale bilden.
Eine Höhe des Ladens von ca. 1,20 m ist empfehlenswert.
Sobald alle Teile gut zusammenhalten, mit der Plakafarbe den Kaufladen nach Belieben bunt bemalen.

Kaufladenzubehör

Ein Kaufladen benötigt Waren, die zum Verkauf angeboten werden können. Im Wald gesammelte Kastanien können zu Kartoffeln werden und Tannenzapfen zu Salatköpfen. Ausgeblasene Eier, bunte Wollfäden, Reiskörner und getrocknete Kräuter füllen die Regale des Kaufladens. Auch aus Salzteig und Speisefarbe lassen sich viele Waren herstellen.

Material: 1 Schüssel
Zutaten: 2 Tassen weißes Mehl, 1 Tasse Salz, 1 Tasse Wasser, einige Tropfen Speiseöl oder 1 – 2 EL Tapetenkleister, evtl. Lebensmittelfarben
Alter: ab 3 Jahren

Mehl und Salz in eine Schüssel geben und vermengen.
Das Öl bzw. den Tapetenkleister und portionsweise das Wasser dazugeben und zu einem glatten Teig verkneten.
Wer farbige Waren wünscht, teilt den Teig in Portionen und gibt jeweils etwas Speisefarbe dazu.
Aus dem Teig können die Kinder wie aus Knetgummi verschiedene Waren für den Kaufladen formen.
Einfach herzustellen sind Früchte, Wurst, Brötchen, Brot und Fische.
Bei 150 °C im Backofen 20 Minuten backen und anschließend abkühlen lassen.

Der Preis

Unter einem Preis verstehen wir den in Geld ausgedrückten Wert einer Ware oder den Wert einer Handlung. Der Preis von etwas sagt uns, wie viel Geld es kostet. Ein Preis kann aber auch ein Lob für eine besondere Leistung sein, wenn wir z. B. bei einem Wettbewerb oder einem Spiel einen Preis gewinnen. Einer der berühmtesten Preise dieser Art ist der Nobelpreis, der jährlich einer Person für besondere kulturelle und wissenschaftliche Leistungen verliehen wird. Der Nobelpreis ist auch ein Geldpreis. Wer ihn verliehen bekommt, erhält für seine Leistungen eine Geldsumme.

Preisvergleich

In den meisten Geschäften sind die Preise der angebotenen Waren ausgezeichnet, d. h. wir können von einem kleinen auf der Ware klebenden Schild ablesen, wie teuer sie sein soll. Die Kinder machen einen gemeinsamen Ausflug in die Supermärkte und Geschäfte der näheren Umgebung und ermitteln die unterschiedlichen Preise von bestimmten Waren.

Material: Papier, Schreibzeug
Alter: ab 7 Jahren

Vorüberlegungen
Die Kinder überlegen gemeinsam mit der Projektleitung, von welchen Waren sie die Preise ermitteln wollen. Lebensmittel wie 1 l Milch oder 1 kg Kartoffeln bieten sich ebenso an wie Spielzeug oder Gebrauchsgegenstände. Wichtig ist, auf die Mengenangabe der zu untersuchenden Waren zu achten.

Tabelle
Auf einem Zettel zeichnen die Kinder eine Tabelle, die sie in unterschiedliche Sparten unterteilen. In die oberste waagerechte Sparte schreiben sie die Verkaufsorte hinein (z. B. Supermarkt, Tante-Emma-Laden, Wochenmarkt oder Namen der Geschäfte). In die senkrechten Sparten werden die ausgewählten Waren geschrieben.

Aktion
Eine größere Menge von Kindern kann sich in kleinere Gruppen teilen, die unterschiedliche Orte aufsuchen. Ist die Gruppe überschaubar, wird der Ausflug gemeinsam unternommen. Die Kinder suchen die Waren und schreiben den genauen Preis in das vorgesehene Feld ihrer Tabelle. Anschließend ermittelt die Gruppe gemeinsam die Unterschiede der Preise.

Diskussionsanregung
● Weichen die Preise enorm voneinander ab oder handelt es sich in der Regel um minimale Unterschiede bei ein und derselben Ware?

- Bietet ein bestimmter Verkaufsort seine gesamten Waren besonders preisgünstig an?
- Welche Gründe können für eventuell höhere Preise in Frage kommen?
- Warum kann eine bestimmte Ware an einem Verkaufsort besonders billig angeboten werden?
- Welche Dinge haben die Kinder am Verkaufsort beobachtet, die vielleicht den überhöhten oder besonders niedrigen Preis erklären könnten?
- Welche Unterschiede bezüglich der Räumlichkeiten und Standorte, sowie der Arbeitsbedingungen der Angestellten und Einsparungen beim Personal (z. B. lange Schlangen an nur einer einzigen Kasse) waren zu sehen?

Das Jahrmarktspiel

Das wünscht sich jedes Kind: einmal einen Jahrmarkt zu Hause oder im Gruppenraum veranstalten! Neben dem Vergnügungsaspekt ist es Ziel dieses Projektes, mit den Kindern zu erarbeiten, wie ein solcher Markt funktionieren kann und welche Schwierigkeiten sich für die Beteiligten z. B. im Umgang mit Geld und ihren Rollen als Marktteilnehmer ergeben können. Damit das Projekt gelingen kann, bedarf es einer sorgfältigen Vorbereitung seitens der Spielleitung, in die jedoch die Kinder einbezogen werden.

Material: Tische, Stühle, große Tücher, Pappe und Filzstifte, Spielgeld oder Münzen, 1 großer Topf mit Deckel, Maiskörner, Speiseöl, Salz oder Zucker, leere Dosen, 3 – 5 kleine Bälle (z. B. Tennisbälle), Kreide, Schnur, Schere, evtl. Holzstelzen, Luftballons, Limonade, Gewinne für die Tombola, Klebstreifen, Stecknadeln, Papier, Schreibzeug, Körbchen oder kleines Gefäß, große Tücher, Stühle und Regale
Alter: ab 5 Jahren

Vorüberlegungen

In einer Gesprächsrunde äußern alle Beteiligten ihre Wünsche und Erwartungen.
Alle besprechen gemeinsam, welche Vergnügungs- und Verkaufsstände der Jahrmarkt haben soll.
Ein Jahrmarkt besteht meistens aus Buden, die Süßigkeiten, Luftballons, Lose sowie andere Gewinnspiele anbieten. Was kann die Gruppe realisieren?
Eine ausgewogene Mischung aus Geschicklichkeitsspielen und Konsum ist empfehlenswert.
Uhrzeit und Datum des Jahrmarkts wird abgesprochen und festgelegt.
Die Aufgaben werden auf die einzelnen TeilnehmerInnen verteilt. Am besten schreibt die Gruppenleitung auf, wer was wann zu tun hat:

- Popcorn herstellen.
- Leere Dosen zum Büchsenwerfen sammeln.
- Dosenstelzen für einen Stelzenlauf herstellen oder Holzstelzen mitbringen.
- Luftballons besorgen und aufblasen.
- Limonade einkaufen.
- Gewinne für die Tombola sammeln und mitbringen.
- Lose basteln.
- Stände aufbauen.
- Festlegen, wer zu welchem Zeitpunkt welche Rollen übernehmen soll.

Vorbereitungen

Die dafür ausgewählten Kinder bereiten die besprochenen Aktivitäten vor.

Popcorn herstellen

In einem großen Topf mit Speiseöl den Boden bedecken.
Etwa 40 – 50 g Maiskörner in den Topf geben, so dass der Boden bedeckt ist, aber keine Körner übereinander liegen.
Das Öl auf mittlerer Stufe erhitzen.
Den Topf mit dem Deckel schließen.
Bald hört man das Knallen der platzenden Maiskörner.
Die Herdplatte ausstellen.
Hört das Knallen auf, ist das Popcorn fertig.
Das Popcorn mit Salz oder mit Zucker würzen.
Beides schmeckt lecker. Guten Appetit!

Büchsenwerfen

Auf einem Tisch leere Konservendosen pyramidenartig aufeinander stellen. Als Basis reichen etwa 8 – 10 Dosen.
In der darüber liegenden Reihe immer eine Dose weniger verwenden und die Büchsen jeweils auf zwei Büchsen stellen.
Mit Kreide eine Linie in etwa 1,5 m Abstand von der Dosenpyramide auf den Boden malen.
Das Kind, das den Büchsenstand betreut, gibt jeweils die 3 – 5 Bälle aus und stellt die Dosen nach den Würfen immer wieder auf.

Dosenstelzen

Aus jeweils zwei gleich großen Dosen wird ein Stelzenpaar gemacht.
Die Dosen mit der Öffnung nach unten auf einen festen Untergrund stellen.
Mit dem Dorn zwei sich genau gegenüber liegende Löcher mit einem Abstand von etwa 1 – 1,5 cm vom Dosenrand in den Boden stanzen.
Von der Schnur 2 Stücke à 1,40 m abschneiden.
Pro Dose ein Schnurstück durch beide Löcher ziehen, so dass die offenen Enden in Inneren der Dose verbleiben.
An den Enden jeweils einen dicken Knoten machen, damit die Schnur nicht durch die Löcher rutschen kann.
Das Dosenpaar nebeneinanderstellen, dann die Schnurschlaufe oberhalb der Dose mit den Händen straff ziehen und die Füße auf die Dosen stellen.
Eine kleine Strecke für das Stelzenlaufen frei legen und mit Kreide markieren.
Spaß macht auch ein kleiner Parcours, der in Schlangenlinien verläuft.

Lose basteln

Auf kleine Zettel fortlaufende Zahlen entsprechend der Menge an Gewinnen in doppelter Ausführung und auf ebenso viele „Niete" oder „Leider nichts gewonnen" schreiben.
Die Hälfte der kleinen Zettel zusammenfalten oder zu kleinen Kugeln zerknüllen.
Die andere Hälfte der Zettel an die Gewinne mit einem Klebstreifen kleben oder mit Stecknadeln feststecken.
Alle Lose in einen Korb oder ein kleines Gefäß geben und verkaufen.

Buden bauen

Große Tücher über Tische oder Regale hängen und so zueinander stellen (z. B. in einem Halbkreis oder in einer Art Gasse), dass die Atmosphäre von Jahrmarktbuden entsteht.
Für die verschiedenen Aktivitäten die Buden einrichten.

Tombolastand

Alle Gewinne in einem Regal verteilen, möglichst numerisch sortiert, damit sie leicht zu finden sind.

Davor einen Tisch mit einem Tuch bedeckt stellen. Dort können die Lose verkauft werden.

Tipp

Sollte jemand eine kleine Drehorgel auftreiben können, die für die typische Jahrmarktmusik sorgt, ist der Jahrmarkt perfekt.

Spielverlauf

Die TeilnehmerInnen nehmen alle ihre Positionen ein. Ein Teil der Gruppe flaniert über den Jahrmarkt und erfreut sich an den angebotenen Aktivitäten, der andere Teil übernimmt die Aufgabe der VerkäuferInnen oder SpielleiterInnen. Nach einer vereinbarten Zeit werden die Rollen getauscht, so dass jeder einmal jede Rolle spielen kann.

Abschluss

Eine für die nächsten Tage einberaumte Diskussionsrunde schließt das Projekt ab. Dabei wird auf mögliche Schwierigkeiten der Kinder im Umgang mit Geld und der Rollen als Konsumenten und Verkäufer eingegangen.

Wenn das Geld an Wert verliert

Oft beobachten wir, dass Dinge teurer werden. Das Geld hat dann an Wert verloren, denn für dieselbe Summe an Geld bekommen wir nicht mehr denselben Gegenwert als Ware oder Dienstleistung. Wenn das Geld an Wert verliert, sprechen wir von einer Inflation. Das lateinische Wort „inflatio" bedeutet Anschwellung, Aufblähung. Bei einer Inflation schwillt die sich in Umlauf befindende Menge Geld an, aber die Produktion von Waren nicht und die Nachfrage nach diesen Waren verändert sich auch nicht. Das Gleichgewicht von Angebot und Nachfrage gerät also erheblich aus dem Lot.

Stellen wir uns einmal vor, nur ein einziges Land auf dieser Welt sei in der Lage, Schokolade herzustellen. Irgendwann beschließen alle Schokoladenhersteller dieses Landes, dass ihre Schokolade bisher viel zu billig angeboten wurde und verlangen von nun an höhere Preise dafür. Weil es keine anderen Schokoladenhersteller auf der Welt gibt und die Menschen nicht ohne Schokolade leben wollen, können die Hersteller die Preise einfach erhöhen und z. B. das Doppelte verlangen.

Als Konsequenz erhöhen sich auch alle Preise für die Dinge, die aus oder mit Schokolade hergestellt werden. So kosten auf einmal Überraschungseier, Schokoladenpudding, Schokoküsse, Kekse mit Schokoladenfüllung, Nikoläuse und Osterhasen aus Schokolade, Brotaufstriche, Schokoladeneis und Kakaogetränke auch erheblich mehr.

Jetzt werden die Menschen ziemlich unzufrieden, denn sie möchten wirklich ungern auf diese ganzen Leckereien verzichten. Aber leisten können sie sich die Sachen nicht mehr, weil ja ihre Einkommen nicht gestiegen sind und sie viel weniger Geld für andere Dinge zur Verfügung hätten, wenn sie die teuren Sachen aus Schokolade weiterhin kaufen würden. Also beschließen die Arbeitnehmer, mehr Lohn für ihre Arbeit zu fordern. Angenommen sie sind in diesem Fall erfolgreich und ihr Einkommen ist angestiegen, hat das zwar auf der einen Seite zur Folge, dass sie sich wieder Schokolade leisten können, aber auf der anderen Seite auch, dass alle anderen Waren jetzt ebenfalls teurer werden. Die Unternehmen müssen nämlich mehr Geld für Löhne ausgeben, und weil sie keine Verluste machen wollen, schlagen sie das auf die Preise ihrer hergestellten Waren drauf.

Alle diese Verkettungen, die allein durch die Erhöhung der Schokoladenpreise ausgelöst wurden, bewirken, dass das gesamte vorhandene Geld stetig knapper wird. Damit die Unternehmen weiterhin die Löhne und die Menschen die höheren Preise bezahlen können, muss der Staat jetzt Geld nachdrucken. Das Geld verliert auf diese Weise an Wert, und wir sprechen von einer Inflation.

Viele ältere Menschen können uns noch von Weihnachten 1923 berichten, als ein ganz normales Brot 260 Milliarden Mark kostete. Das können sich nur Millionäre leisten, werden jetzt die meisten denken! Aber in Wirklichkeit waren die Menschen damals alles andere als wohlhabend. Ihr Geld war nach dem Ersten Weltkrieg (1914 – 1918) nämlich nichts mehr wert. Die Inflation war nicht mehr zu bremsen und alle verloren bei den riesigen Geldsummen den Überblick. Am Freitag konnten die Leute vielleicht noch ein Pfund Butter für 3000 DM kaufen und am darauf folgenden Montag kostete dieselbe Menge Butter möglicherweise schon eine halbe Million. Wie konnte bloß so etwas passieren? Um das zu verstehen, müssen wir einen Blick in die deutsche Geschichte wagen.

Im Jahre 1871 hieß Deutschland noch Deutsches Kaiserreich, der regierende Kanzler war Otto von Bismarck. Da die damalige deutsche Währung nicht sehr praktisch für die Menschen war, wollte er sie ändern. Vor der Reichsgründung im Jahre 1871 bestand Deutschland aus vielen kleinen Staaten, die alle ihr eigenes Geld hatten. Bei diesen vielen Währungen fiel es nicht weiter auf, wenn jemand einfach ein bisschen Falschgeld darunter mischte. Die Lösung sah Bismarck in der Einführung einer einheitlichen Währung, der Goldmark. Die Mark hieß übrigens deshalb Goldmark, weil ihr Wert durch Gold gedeckt war. Das heißt, jeder Mensch konnte damals in Deutschland bei einer Bank seine Markstücke in reines Gold umtauschen.

Das Land erlebte mit der neuen Währung einen wirtschaftlichen Aufschwung. Es gründeten sich Banken wie die Deutsche Bank, die Dresdner Bank und die Commerzbank. Die einheitliche Währung vereinfachte den Handel in Deutschland. Große Unternehmen wurden gegründet und viele davon machten gute Geschäfte.

Dann kam das Papiergeld in Umlauf. Da die Herstellungskosten von einer Banknote nicht besonders hoch sind, konnte beliebig viel Papiergeld nachgedruckt werden. Uns ist klar, dass es immer einen Gegenwert des Geldes geben muss, ohne den das Geld wertlos wäre. Da die Reichsbank verpflichtet war, den Wert des Papiergeldes jederzeit in Gold umtauschen zu können, klappte das anfänglich mit dem Papiergeld auch sehr gut.

1914 brach der Erste Weltkrieg aus. Ein Krieg ist jedoch nicht nur sehr grausam, weil viele Menschen leiden und sterben, sondern er ist auch noch sehr teuer. Oft werden viele Straßen, Häuser, Schulen und Fabriken zerstört. Die Soldaten, die an der Front kämpfen, können nicht zu Hause in den Unternehmen arbeiten. Um den immer teurer werdenden Krieg zu bezahlen, verschuldete sich Deutschland immer mehr. Der Staat verkaufte den Menschen Papiere, auf denen der Wert von 100 Reichsmark stand. Damit die Menschen einen Anreiz hatten, diese Papiere zu kaufen, versprach ihnen der Staat nicht nur die 100 Reichsmark in einigen Jahren zurückzubezahlen, sondern auch noch für jedes verstrichene Jahr weitere 5 Reichsmark Zinsen. Solche Papiere heißen Wertpapiere.

Um den Krieg zu finanzieren, machte Deutschland dann etwas ähnliches wie damals der römische Kaiser Nero mit den Münzen: Es druckte einfach so viel Papiergeld nach, wie es für den Krieg benötigte. Die Folge war eine zunehmende Entwertung des Geldes. Natürlich verloren dadurch auch Wertpapiere und Zinsen immer mehr an Wert. Weil Deutschland auch die Schäden, die der von ihm verursachte Krieg in anderen Ländern angerichtet hatte, bezahlen musste, kam es 1923 zur Katastrophe. Das Land hatte riesige Schulden und druckte immer mehr Geld, um sie zu bezahlen. Weil dem Geld keinerlei Gegenwert mehr gegenüber stand, war es wertlos geworden. Um aus diesem Schlamassel wieder herauszukommen, wurde eine neue Währung eingeführt, die Rentenmark.

Die Inflation von 1923 war sicherlich eine der schlimmsten Formen von Inflation. Dennoch gehören Inflationen zum Geld dazu. Meistens bemerken wir die Inflation gar nicht so sehr, weil sie sich schleichend bewegt. Wir nehmen die teurer werdenden Preise erst einmal hin. Natürlich steigen in einer Inflation alle Preise stetig an. Aber es steigen auch die Arbeitslöhne der Menschen. Wer mehr Geld verdient, kann auch mehr Geld ausgeben, und so kommt es letztendlich auf dasselbe heraus. Wird Geld gleichmäßig und sehr langsam immer weniger wert, ist das kein so großes Problem, denn die Menschen können sich darauf einstellen und trotz allem sicher planen.

Manche älteren Leute haben die Milliardenmark-Geldscheine aus der Zeit der Inflation aufgehoben. Vielleicht gibt es in der Verwandtschaft, der Nachbarschaft oder in einem Seniorenheim Personen, die im Besitz solcher Geldscheine sind. Wer niemanden kennt, der solche Geldscheine aufgehoben hat, kann sie sich in einem Geldmuseum (Adressen im Anhang) anschauen!

Preissturz

Die Preise der angebotenen Waren sind nicht immer konstant. Auch kann das eigene Geld manchmal knapp werden, wenn man zu viel davon ausgibt. Dann muss der Käufer oder die Käuferin abwägen, ob diese oder jene Ware wirklich nötig ist oder ob er oder sie besser auf das nächste Sonderangebot wartet.

Material: für Drehscheibe: Pappe, Schere, Buntstifte, Klebstoff, Schraube, 1 alter Schlüssel; für Spielgeld: Papier, Münzen, Bleistift, Schere; für 4 Spielfiguren: 4 kleine Steine, Pinsel, Plakafarbe; 1 Würfel
Anzahl: ab 4 Kinder
Alter: ab 6 Jahren

Die benötigten Spielutensilien können die Kinder selber gestalten.

Drehscheibe

Auf die Pappe einen Kreis mit ca. 20 cm Durchmesser malen und ausschneiden. Die Schraube durch die Mitte des Pappkreises bohren, so dass die Spitze der Schraube nach oben zeigt, sobald der Pappkreis auf eine Tischfläche gelegt wird. Die Drehscheibe mit einem Bleistift in 6 Felder unterteilen. In die Felder der Reihe nach folgende Preise schreiben: 50 Cent, 1 Euro, 2 Euro, 5 Euro, 10 Euro, 20 Euro.
Den Schlüssel über die Schraube hängen, damit er auf dem Spielbrett gedreht werden kann.

Spielgeld

Papier auf Münzen legen und mit Bleistift darüber rubbeln. Ausschneiden. Auf diese Weise lässt sich beliebig viel Spielgeld selber machen.

Spielplan, Einkaufszettel und Waren

Spielplan, Einkaufszettel und Waren kopieren. Waren ausschneiden und auf Pappe oder Karton kleben und bunt bemalen.

Spielfiguren

Mit Plakafarbe Gesichter auf die Oberfläche der kleinen Steine malen und trocknen lassen.

Spielregeln

Jedes Kind erhält einen Einkaufszettel, auf dem 10 unterschiedliche Waren abgebildet sind, und Spielgeld in der Höhe von 50 Euro.
Ziel ist es, alle auf dem Einkaufszettel stehenden Waren einzukaufen und dabei möglichst wenig Geld auszugeben.
Das erste Kind würfelt und rückt auf dem Spielplan so viele Felder vor, wie der Würfel anzeigt.
Kommt es auf ein Warenfeld, hat es die Möglichkeit, die abgebildete Ware zu kaufen.
Um den Preis in Erfahrung zu bringen, betätigt es die Drehscheibe, indem es den Schlüssel einmal mit Schwung herumdreht.
Auf dem Feld, auf dem der Schlüssel zum Stillstand kommt, steht der aktuelle Preis der Ware.
Das Kind darf sich jetzt entscheiden, ob es die Ware kauft oder ob es lieber weiterzieht (weil die Ware ihm zu teuer erscheint).
Entscheidet es sich, die Ware zum angegebenen Preis zu kaufen, zahlt es den Betrag in die Kasse ein. Dann ist das nächste Kind an der Reihe.
Auch wenn das Kind die Ware nicht kauft, kommt das nächste Kind dran.
Erreicht ein Kind ein Feld mit dem Hinweis „Sonderangebot", kann es eine gewünschte Ware zum Niedrigpreis von 50 Cent erstehen.
Die SpielerInnen können auch mehr Waren kaufen, als auf ihrem Einkaufszettel stehen.
Überschüssige Ware verkaufen sie dann an die anderen SpielerInnen weiter. Auch hierbei müssen die KäuferInnen für die Festlegung der Preise stets die Drehscheibe benutzen.
Ist ein Kind pleite, d. h. es hat kein Geld mehr, kann es trotzdem Waren an die anderen SpielerInnen verkaufen. Die KäuferInnen müssen bei diesen Einkäufen nicht erst auf ein Warenfeld gelangen. Ein solcher Handel ist zu jedem Zeitpunkt des Spiels möglich. Gewonnen hat das Kind, das nach dem kompletten Einkauf das meiste Geld von allen übrig hat.

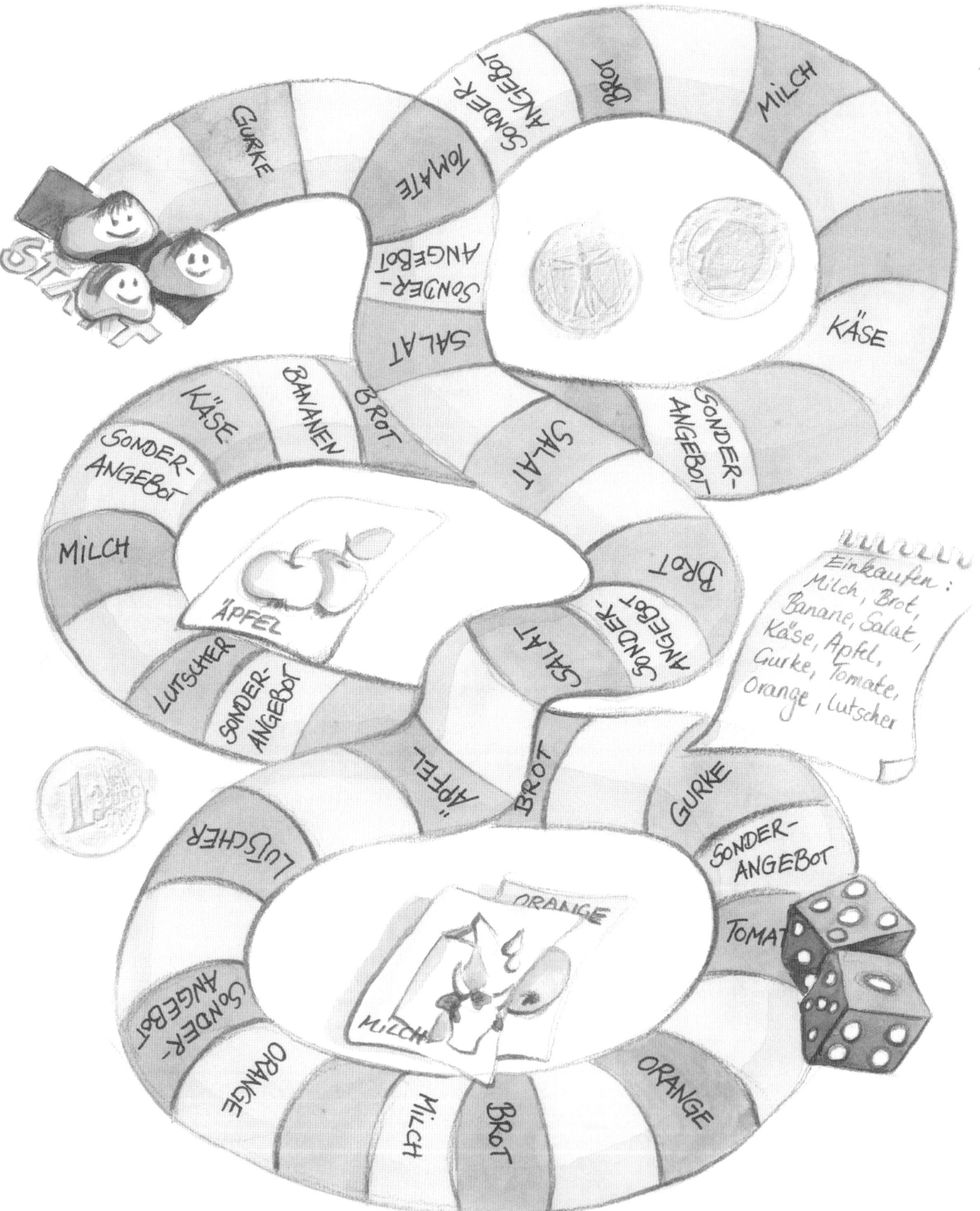

Wirtschaftsmodelle

Durch wirtschaftliches Handeln können Menschen ihre Bedürfnisse befriedigen. Dazu müssen sie miteinander in Kontakt treten. Sie produzieren, sie tauschen und sie verbrauchen Produkte. Dabei orientieren sie sich an bestimmten Regeln, und zwar meistens ohne groß darüber nachzudenken. Wirtschaftswissenschaftler konnten eine ganze Menge sehr unterschiedlicher Regeln entdecken, die die Menschen befolgen, wenn sie wirtschaftlich handeln. Da Wissenschaftler selten einer Meinung sind, bildeten sich bald verschiedene Auffassungen darüber,

welche Regeln die besseren seien, um den wirtschaftlichen Nutzen für die ganze Gesellschaft zu vergrößern. Wirtschaftswissenschaftler sprechen hier von unterschiedlichen Wirtschaftssystemen. Im Grunde gibt es drei Typen der wirtschaftlichen Organisation: die freie Marktwirtschaft, die Planwirtschaft und die soziale Marktwirtschaft. Die unterschiedlichen Wirtschaftssysteme, besonders die beiden ersten, hat es aber nie wirklich so gegeben, wie die Wissenschaftler sich das vorgestellt haben.

Freie Marktwirtschaft

Bei der freien Marktwirtschaft geht es, wie der Name schon sagt, um den freien Markt. Frei bedeutet in diesem Zusammenhang, dass die Märkte für alle Menschen, die im Wettbewerb miteinander ihren Nutzen vergrößern möchten, zugänglich sein müssen. Gleichzeitig bedeutet frei auch Selbstverantwortung. Das heißt, dass im Rahmen der Gesetze des Staates jeder selbst entscheiden muss, was er tun oder lassen soll. Das oberste Ziel in der freien Marktwirtschaft besteht für jeden Menschen darin, die Befriedigung durch Konsum und den Besitz von Waren und Geld für sich selbst zu vergrößern. In einer Marktwirtschaft darf grundsätzlich jeder das konsumieren, was er will. Vorausgesetzt, er oder sie ist alt genug und verfügt über ausreichend Geld. Der größte Teil der Menschen in einer freien Marktwirtschaft muss seine Arbeitskraft auf dem Arbeitsmarkt anbieten, um Lohn oder Einkommen zu erhalten. Hat jemand Probleme, genügend Geld für seinen Lebensunterhalt zu verdienen, weil er vielleicht krank geworden ist oder nur schlecht bezahlte Arbeit findet, ist das

sein ganz persönliches Problem. Zwar gibt es die Möglichkeiten, sich durch entsprechende Versicherungen wirtschaftlich abzusichern, doch zwingt der Staat in einer freien Marktwirtschaft niemanden dazu, solche Versicherungen abzuschließen. Auch die Besitzer der Unternehmen müssen in der freien Marktwirtschaft mit dem Risiko leben, dass ihr Unternehmen bankrott gehen könnte.
In einer Marktwirtschaft ist es sehr wichtig, dass Verträge eingehalten werden. Denn ohne die Sicherheit, dass Vereinbarungen eingehalten werden, wäre es selbst in der freien Marktwirtschaft unmöglich, wirtschaftlich zu handeln. Das bezieht sich natürlich v. a. auch auf die Verträge zwischen Arbeitnehmern und Arbeitgebern, die sog. Arbeitsverträge.
Nun wurde schon erwähnt, dass die Idee einer freien Marktwirtschaft eigentlich noch nicht vollständig verwirklicht wurde. Das lag v. a. daran, dass unerwünschte Wirkungen eingetreten sind. Probleme wie die Umweltverschmutzung, die Einschränkung des Wettbewerbs oder beson-

ders die Frage der sozialen Gerechtigkeit lösen sich nicht von selbst. Vielleicht war die freie Marktwirtschaft auch eher etwas für Supermänner und -frauen. Denn es strengt doch sehr an, immer zu überlegen wie man selbst noch mehr leisten kann, um sich noch besser gegen die anderen Konkurrenten zu behaupten. Menschen sind eben nicht nur fleißig und neugierig. Sie sind auch mal müde, möchten faul sein und haben oft gar keine Lust, immer die Besten zu sein. Diese Bedenken führten zu einer Veränderung der Regeln.

Soziale Marktwirtschaft

Die Idee von einer sozialen Marktwirtschaft ist heutzutage am meisten verbreitet. Wie der Name schon sagt, handelt es sich immer noch um eine Marktwirtschaft, so wie oben schon beschrieben wurde. Hinzu gekommen ist das Wörtchen „sozial". Im Gegensatz zur freien Marktwirtschaft, wo sich der Staat aus dem wirtschaftlichen Treiben seiner Bürger heraushält, soll der Staat in einer sozialen Marktwirtschaft auch wirtschaftliche Aufgaben übernehmen, die Schwankungen und Lücken der Wirtschaft ausgleichen und immer dann eingreifen, wenn es Probleme gibt.

Einer der großen Vorteile der freien Marktwirtschaft ist der Egoismus der Unternehmen. Aber genau dieser Vorteil kann sich von Zeit zu Zeit in einen großen Nachteil verwandeln. Dann macht der Markt nicht, was er soll und es entstehen Probleme wie hohe Arbeitslosigkeit, hohe Differenzen der Einkommen, so dass wenige über sehr viel Geld verfügen, während sehr viele wenig Geld haben.
Ein großes Problem ist die Umweltverschmutzung. Niemand muss für die Luft, die er atmet, bezahlen. Da die Luft allen gehört, fühlt sich oft niemand so richtig zuständig. Manchen Unter-

nehmen liegt eben nichts an reiner frischer Luft und so stoßen bei der Herstellung mancher Waren in ihren Fabriken ihre Schornsteine viel verschmutzte Luft aus. Oft meinen solche Unternehmen dann, dass die Menschen das hinnehmen müssen, wenn sie ihre Waren kaufen möchten. In so einem Fall ist das Wohl der ganzen Gesellschaft berührt und der Staat muss jetzt Maßnahmen ergreifen, damit die Menschen wieder bessere Luft zum Atmen haben. Der Staat könnte jetzt im Falle der Luftverschmutzung bestimmen, dass ein Unternehmen nur eine ganz bestimmte Menge Schmutz durch den Schornstein ausstoßen darf. Natürlich hat dies nicht nur eine bessere Luft zur Folge. Das Unternehmen wird jetzt sicher weniger Waren herstellen. Die Waren werden teurer und manche Menschen werden darüber klagen. Weniger Luftverschmutzung gibt es also nicht kostenlos. Eine andere Lösung des Problems wäre, dass das Unternehmen für die Luftverpestung bezahlen muss. Es muss dann eine bestimmte Summe an den Staat abgeben, damit es eine bestimmte Menge Schmutz aus seinem Schornstein ausstoßen darf. Die Luft wird also sauberer, weil das Unternehmen versuchen wird, seine Kosten für die Verschmutzung der Luft zu senken. Das geht aber nur, wenn die Warenherstellung umweltfreundlicher wird. Das Unternehmen wird deshalb nach Wegen suchen, damit bei der Herstellung der Waren nicht mehr so viel Schmutz entsteht. Aber nicht immer übt ein Staat in einer sozialen Marktwirtschaft auch wirklich diesen Druck auf die Unternehmen aus. Manchmal will es sich der Staat mit den Unternehmen auf keinen Fall verscherzen. Die Unternehmen könnten nämlich, anstatt ihre Warenherstellung umweltfreundlicher zu gestalten, auch in ein anderes Land ziehen, wo es nicht solche strengen Bedingungen gibt. Das würde bedeuten, dass Menschen hier ihre Arbeit in dem Unternehmen verlieren und arbeitslos würden. So verstehen wir auch, warum das Eingreifen des Staates in der sozialen Marktwirtschaft zwar sehr wichtig ist, aber auch sehr kompliziert.

Die soziale Marktwirtschaft muss außerdem immer wieder mit sog. Krisen zurechtkommen. Die Menschen kaufen weniger, weil sie ihr Geld lieber sparen anstatt auszugeben. Die Arbeitnehmer sind ebenfalls sauer, weil sie immer weniger für ihr Geld kriegen und fordern deshalb höhere Löhne. Die Arbeitslosigkeit nimmt zu, weil die Unternehmer versuchen Geld einzusparen, indem sie weniger produzieren. Oder sie entlassen viele Arbeitnehmer, die dann nicht mehr bezahlt werden müssen. Für eine Marktwirtschaft ist das eine gefährliche Situation. Die

Wirtschaft führt dann nicht zu mehr Reichtum in der Gesellschaft, sondern zu immer mehr Armut. Schon bevor es so weit ist, versucht der Staat in die Wirtschaft einzugreifen. Erstens soll der Unterschied zwischen Arm und Reich nicht zu groß werden. Und zweitens soll die Wirtschaft sich ruhig und stabil weiter entwickeln.

Geschäft ist Geschäft!

Für Unternehmer in einer freien Marktwirtschaft ist es das höchste Ziel, ihre Waren an die KäuferInnen zu bringen. Um dabei auch noch einen möglichst hohen Gewinn zu erzielen, schrecken sie vor nichts zurück: Sie feilschen, handeln und bluffen.

Material: Papier, Buntstifte, Schere, Karton, Klebestift
Anzahl: 3 – 5 SpielerInnen
Alter: ab 6 Jahren

Zunächst legen die SpielerInnen gemeinsam fest, welche Waren sie anbieten.
Die Illustrationen können dabei als Anregung dienen.
Da es für die SpielerInnen vorrangig darauf ankommt, von jeder Warensorte eine Serie zu ersteigern, sollte es hiervon immer 4 verschiedene Sorten geben.

Zum Beispiel können zur Ware „Stoff" die Sorten Baumwolle, Wolle, Seide und Brokat gehören und zur Ware „Gewürze" die Sorten Nelken, Pfeffer, Muskat und Zimt.

Warenkarten

Um Warenkarten herzustellen, schneiden die Kinder aus dem Karton gleich große Karten aus. Sie malen die einzelnen Waren mit Buntstift darauf.
Wer möchte, kann auch die Abbildungen kopieren, ausschneiden und auf den Karton kleben.
Auf die Warenkarten schreiben die SpielerInnen einen Wert. Eine Vase kann z. B. 500 Euro kosten, ein Sack Pfeffer vielleicht 10 Euro und ein Barren Seide 200 Euro. Auch Beträge wie 30 Euro sind möglich.
Preise gemeinsam festlegen und auf die Seite mit der Abbildung schreiben.

Holzklötze	Stofftiere	Mini-Eisenbahn	Puppen

Baumwolle	Seide	Wolle	Brokat

 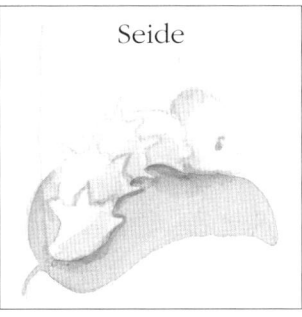  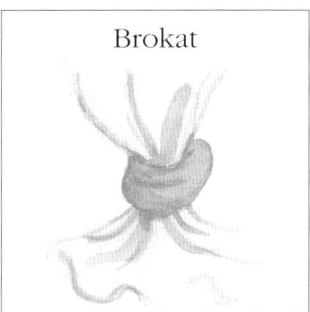

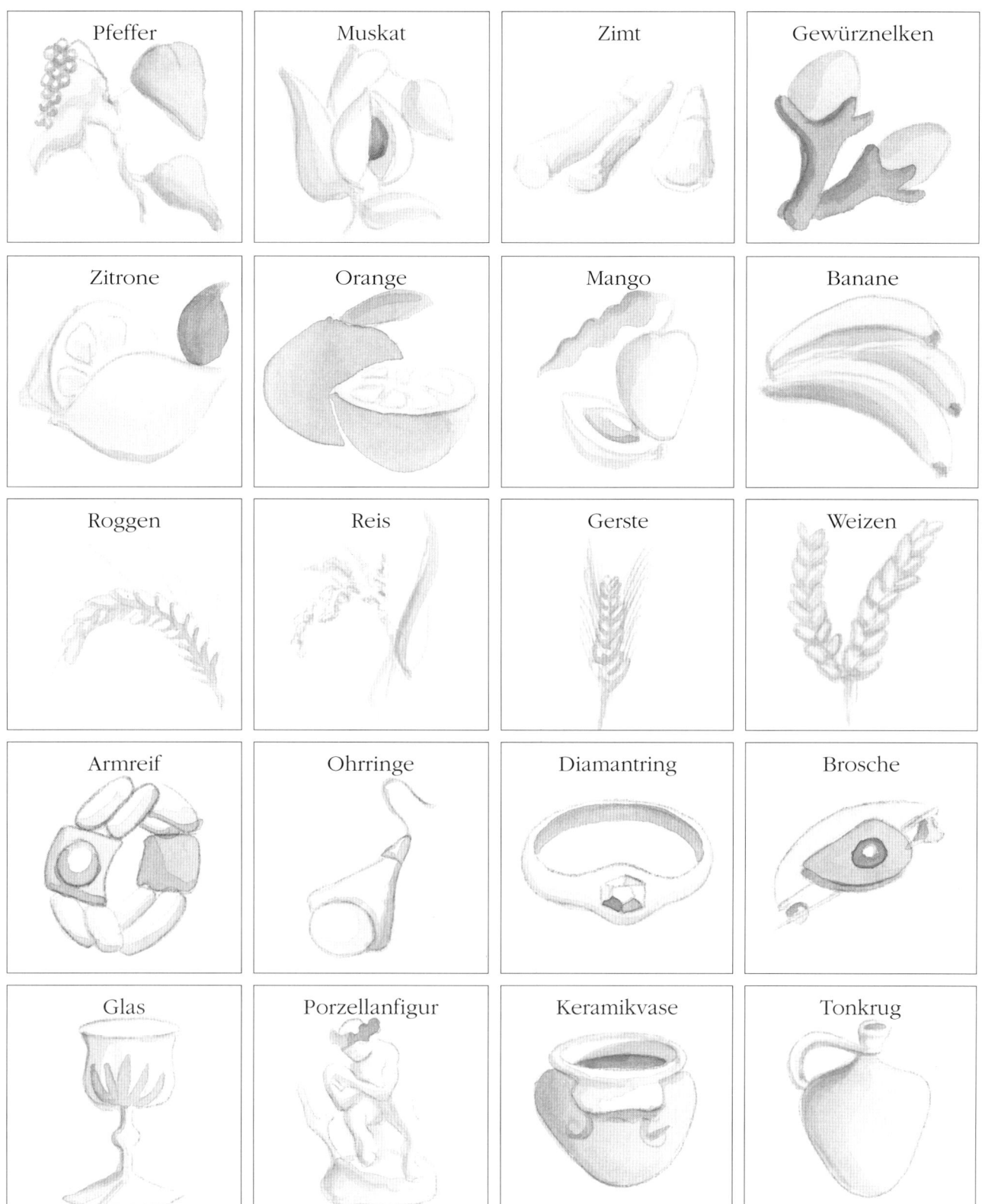

Pfeffer	Muskat	Zimt	Gewürznelken
Zitrone	Orange	Mango	Banane
Roggen	Reis	Gerste	Weizen
Armreif	Ohrringe	Diamantring	Brosche
Glas	Porzellanfigur	Keramikvase	Tonkrug

Geldkarten

Neben den Warenkarten benötigen die SpielerInnen Geldkarten.

Aus dem Karton gleich große Karten schneiden und den jeweiligen Wert, den eine Geldkarte haben soll, mit Buntstift aufmalen.

Die SpielerInnen malen 10 Geldkarten im Wert von 50 Euro, 20 Karten im Wert von 10 Euro, 5 Karten mit 100 Euro, 5 Karten mit 200 Euro und 5 Karten mit 500 Euro.

Da die UnternehmerInnen bei diesem Spiel viel tricksen und bluffen, benötigen die SpielerInnen noch weitere 10 Geldkarten, die keinerlei Wert haben. Am besten schreiben die Kinder einfach eine Null darauf.

Insgesamt haben sie dann 55 solcher Geldkarten von unterschiedlichem Wert.

Spielregeln

Haben die Kinder alle Karten vorbereitet, gibt es jetzt 40 Warenkarten und 55 Geldkarten.

Die Geldkarten werden von den Kindern so verteilt, dass jedes Kind 2 Karten im Wert von 10 Euro, eine Karte im Wert von 50 Euro und zwei wertlose Karten erhält.

Die restlichen Geldkarten nach Wert sortieren und offen in die Spielmitte legen.

Die Warenkarten mischen und auf einen Stapel legen, so dass die Rückseite der Karten nach oben zeigt.

Das erste Kind deckt die erste Warenkarte auf.

Will jemand aus der Spielrunde diese Ware kaufen und gibt es keine weiteren Interessenten, so zahlt der Käufer oder die Käuferin die auf der Karte stehende Summe dem Kind, das die Ware angeboten hat

In diesem Fall ist das immer das Kind, das die Warenkarte aufgedeckt hat.

Sind mehrere SpielerInnen an der Ware interessiert, wird die Ware nach dem Motto „Wer bietet mehr?" versteigert.

Hat niemand Interesse an der angebotenen Ware, gehört sie dem Anbieter.

Ist die erste Ware verkauft, so deckt das nächste Kind eine weitere Warenkarte auf.

Nach und nach werden auf diese Weise alle Waren verkauft oder versteigert.

Sind alle Waren verkauft worden, beginnen die UnternehmerInnen mit dem knallharten Handel. Alle SpielerInnen haben ihre Waren offen aufgedeckt.

Das erste Kind macht einem anderen Kind ein Angebot. Dabei schiebt es ihm einige Geldkarten verdeckt herüber und sagt, welche Ware es dafür haben möchte. Dieses Kind kann nun überlegen, ob es auf das Angebot eingeht und die entsprechende Ware herausrückt oder ob es ein ebenfalls verdecktes Gegenangebot macht, für das es dem Anbieter auch Geldkarten herüberschiebt, dessen Wert dieser nicht abschätzen kann.

Hier können die UnternehmerInnen nach Herzenslust bluffen und tricksen. Sie können dem anderen Händler wertlose Karten für teure Ware anbieten oder auch nur so tun, indem sie dem anderen Glauben machen, sie haben Karten unter der Handfläche.

Haben zwei SpielerInnen von ein und derselben Serie jeweils ein Paar, handeln sie natürlich nicht mehr um die einzelnen Warenkarten, sondern um die Paare.

Das Spiel ist dann zu Ende, wenn es keinen Handel mehr gibt, weil alle SpielerInnen ihre Serien komplett haben.

Wer einen Gewinner ermitteln will, kann die unterschiedlichsten Preise der Waren zusammenrechnen. Wer die teuersten Waren ersteigert hat, hat gewonnen.

Unternehmen

Ein Unternehmen ist eine sog. Wirtschaftseinheit, deren Hauptziel es ist, Gewinne zu machen. Ein Unternehmen kann entweder Dienstleistungen oder Waren anbieten. Jeder Betrieb ist ein Unternehmen, aber ein Unternehmen kann auch aus mehreren Betrieben bestehen, die sich zusammengeschlossen haben. Ein Unternehmen sollte über ausreichende Finanzmöglichkeiten verfügen, denn oftmals muss es die entstehenden Kosten für die Produktion von Waren vorstrecken. Sein Chef ist der Unternehmer oder die Unternehmerin.

Ein Dienstleistungsunternehmen

Der Hundeausführdienst

Bei diesem durchaus längerfristig angelegten Projekt können die Kinder einer Gruppe gemeinsam ausprobieren, wie ein Unternehmen funktioniert.

Material: Karteikarten, große Pappe, Schreibzeug (Filzstifte)
Alter: ab 8 Jahren

Vorüberlegung

In der Planungsphase ist es sinnvoll, dass sich die Gruppenleitung gemeinsam mit den Kindern überlegt, mit welchen verschiedenen Arbeitsaufgaben die Gründung sowie die Durchführung ihres Unternehmens verbunden ist.
Zu einem Hundeausführdienst gehören z. B. Personen, die die Aufträge annehmen und Termine mit den Kunden vereinbaren und solche, die die betreffenden Hunde spazieren führen. Dabei kann es sich nur um bekannte Hunde bzw. Hunde aus der Nachbarschaft handeln. Ebenso ist eine vorherige Absprache mit den Eltern dringend angeraten.
Des weiteren braucht ein Hundeausführdienst jemanden, der für die Dienstleistung Werbung macht, d. h. Handzettel gestaltet und schreibt und zu den entsprechenden „Kunden" persönlich geht und ihnen den Dienst anbietet.
Andere Kinder verwalten die Einnahmen, indem sie genau aufschreiben, wer was von wem als Lohn erhält.
Natürlich können auch immer dieselben Personen unterschiedliche Aufgaben ausführen. Aber vielleicht gibt es jemanden, der Hunde nicht so gerne spazieren führt und dafür lieber die „Buchführung" übernimmt.
Die wichtigsten Stichpunkte auf einer großen Pappe mit Filzstift aufschreiben und die Arbeitsaufgaben verteilen.
Die Kinder überlegen, welche Dinge der Hundeausführdienst benötigt. Stifte und Karteikarten sind wichtig, damit bei der Terminvereinbarung

und beim Vertragsabschluss über jeden Hund Informationen notiert werden können (z. B. Name des Hundes, seine Eigenheiten, die Adresse der Hundehalter, wann und wie lange der Hund ausgeführt wird).

Werbung

Mögliche Kunden werden davon informiert, dass es jetzt einen Hundeausführdienst gibt. Dafür eignen sich kleine Handzettel, auf denen die nötigsten Informationen, auch die Preisvorstellungen, stehen. Die Kinder verteilen die Zettel in der Nachbarschaft und bei Bekannten und Verwandten. Auch durch Mundpropaganda kann der Ausführdienst bekannt werden.

Vertrag

Es ist sinnvoll, einen Vertrag über den Dienst zu entwerfen. Das kann ein einfaches Papier sein, auf dem alle Vertragsbedingungen, z. B. Arbeitszeit, Informationen über den zu betreuenden Hund, die Haftung und die Entlohnung sowie die Wegstrecke des Spaziergangs geschrieben stehen. Der Hundebesitzer und ein Erwachsener vom Hundeausführdienst müssen das Papier unterschreiben (Vorsicht: Kinder sind noch nicht vertragsfähig).

Erlös

Gemeinsam legen die Kinder fest, was mit dem Einkommen geschieht, das das Unternehmen erwirtschaftet. Soll das Geld z. B. untereinander zu gleichen Teilen aufgeteilt oder für eine gemeinsame Anschaffung gespart werden?

Durchführung

An einem verabredeten Termin gehen die Kinder paarweise zu einem potentiellen Kunden. Sie werden von einem Erwachsenen begleitet, der ebenso wie der Hundehalter den Vertrag unterschreibt.

Sie vereinbaren mit den Hundehaltern die wichtigsten Vertragsbedingungen, z. B. Ausführzeit, Spazierweg, Informationen über den zu betreuenden Hund und Lohn.

Hundebesitzer und jemand vom Hundeausführdienst müssen das Papier unterschreiben, bevor der Hund ausgeführt werden kann. Das ist aus versicherungstechnischen Gesichtspunkten wichtig.

Der Hund sollte immer von zwei Kindern abgeholt und ausgeführt werden.

Die vereinbarte Strecke wird genau eingehalten. Es können immer unvorhersehbare Dinge passieren, z. B. kann der Hund ausreißen oder sich mit einem anderen Hund in die Haare kriegen. Deshalb ist es besser, wenn kein Kind allein mit dem Hund unterwegs ist.

Es sollten auch nur pflegeleichte und unbissige Hunde ausgeführt werden.

Diskussionsanregung

Sind der vorbereitende Teil, die Vertragsunterzeichnung und der Hundeausführdienst durchgeführt worden, setzen sich alle Beteiligten zu einer abschließenden Gesprächsrunde zusammen.

- Welche Erfahrungen haben die Kinder gemacht?
- Was hat ihnen besonders viel Spaß gemacht?
- Worin lagen evtl. Schwierigkeiten?
- Was würden die Kinder beim nächsten Mal anders machen?

Alternative Kinderunternehmen

- Einkaufsdienst für ältere Menschen in der Nachbarschaft
- Schuhputzdienst
- Fahrradputzdienst

Ein Produktions- und Verkaufsunternehmen

Der Marmeladenherstellungs- und Verkaufsservice

Viele Kinder möchten sich zu ihrem Taschengeld etwas Geld dazu verdienen. Auf dem Flohmarkt alte Spielsachen und Bücher zu verkaufen, ist eine Möglichkeit. Auch mit selbst hergestellten Sachen, z. B. Marmelade lässt sich ein Verkaufsunternehmen gründen.

Material: Messer, leere Gläser mit Schraubverschluss, Topf mit Deckel, Holzlöffel, Handtuch
Zutaten: pro 1 kg Früchte (z. B. Erdbeeren, Aprikosen etc.) 1 kg bzw. 500 g Gelierzucker (je nach Gelierzuckerart)
Alter: ab 8 Jahren

Marmelade kochen

Früchte in kleine Stücke schneiden.

Früchte in den Topf geben und zum Kochen bringen.

Damit nichts anbrennt evtl. etwas Wasser hinzugeben.

Nach und nach Gelierzucker hineinstreuen und 30 Minuten zugedeckt köcheln lassen, bis die Marmelade dickflüssig geworden ist.

Leere Gläser mit heißem Wasser auswaschen.

Damit die Marmelade möglichst lange in den Gläsern haltbar bleibt, müssen die Gläser unbedingt steril sein. Daher ist es wichtig, die Gläser nicht mit einem Handtuch von innen abzutrocknen, sondern zum Trocknen mit der Öffnung nach unten auf eine mit einem Handtuch ausgelegte Fläche zu stellen.

Marmelade in die Gläser füllen und sofort verschließen.

Nach dem Abkühlen die Gläser mit Etiketten versehen, auf denen Inhalt und Datum der Herstellung steht.

Vorüberlegung

Wie bei der Gründung eines Dienstleistungsunternehmens, müssen auch bei einem Verkaufsunternehmen – in diesem Fall dem Marmeladenherstellungsservice – die Arbeitsaufgaben und die Arbeitsverteilung vorab geklärt werden. Auf Pappe alles Nötige aufzuschreiben ist hierfür eine gute Methode. Wer soll die Marmelade kochen, wer soll sie abfüllen und wer soll sie später verkaufen?

Herstellung

Da Marmelade aus Früchten gekocht wird, müssen für die Herstellung zunächst die Zutaten, nämlich Früchte und Zucker u. Ä. herangeschafft werden. Vielleicht wachsen bei jemandem im Garten geeignete Früchte in größerer Menge, vielleicht müssen sie aber auch erst eingekauft werden. Hier werden die UnternehmerInnen mit dem Problem der Vorfinanzierung konfrontiert. Leere Gläser, in die Marmelade gefüllt wird, sollten einige Wochen vorher gesammelt werden. Etiketten, auf denen das Herstellungsdatum und die Zutaten stehen, dürfen nicht fehlen. Dann benötigen die Kinder eine Küche, in der sie unter Anleitung die Marmelade kochen können. Hier ist die Projektleitung gefragt!

Verkauf

Auch ein geeigneter Verkaufsort muss gefunden werden. Auf Basaren, Wochenmärkten, Flohmärkten oder bei Veranstaltungen der Gemeinden können Kinder oftmals kleine Verkaufsstände aufbauen. Informationen hierfür frühzeitig einholen!

Wichtig sind neben dem kleinen Verkaufsstand, eine Kasse und auch Wechselgeld.

Erlös

Vor Beginn sollten die Kinder gemeinsam beschließen, was mit den Einnahmen geschieht.

Tipp

Bei diesem Projekt empfiehlt sich vorab ein Besuch in einem größeren Herstellungsunternehmen, um den Kindern nahe zu bringen, wie die einzelnen Arbeitsschritte in solch einem Unternehmen bewältigt werden. Vielleicht gibt es ja eine Keksfabrik, eine Spielzeugproduktionsfirma oder eine Großbäckerei in der Nähe?

Bei jeder Unternehmensgründung unbedingt zu beachten!

Für alle Kinder unter 15 Jahren gilt das Jugendarbeitschutzgesetz, das vorsieht, dass kleinere Hilfeleistungen und Tätigkeiten Kindern nur dann gestattet sind, soweit sie ihrem Alter entsprechen und sie kräftemäßig nicht auszehren. Zudem dürfen die Tätigkeiten nicht gefährlich sein.

Empfehlenswert ist, dass sich die Kinder immer zu zweit zusammentun und ein Handy mit einer Nottelefonnummer dabei haben. Während der ganzen Zeit des Projektes sollte den Kindern eine oder mehrere erwachsene Personen stets als Ansprechpartner zur Verfügung stehen.

Armut

In einer marktwirtschaftlich orientierten Gesellschaft kommt es zu sozialen Unterschieden. Arbeitslosigkeit und Armut sind ein Teil davon. Der Unterschied zwischen wohlhabenden Menschen und Menschen, die arm sind, kann in einer Marktwirtschaft enorm sein. Wer reich ist, hat Macht. Wer arm ist, ist oftmals von der Macht anderer abhängig. Arm sein bedeutet auch, dass viele Wünsche unerfüllt bleiben. Und das sind nicht nur Wünsche nach materiellen Dingen. Armut muss immer auch im Verhältnis zu dem durchschnittlichen Reichtum einer Gesellschaft gesehen werden. Wer arm ist, kann nicht frei entscheiden wie er lebt, wo er wohnt, an welchem Ort er sich gerne aufhält und vielleicht hat er auch ständig gegen Gefühle von Wut, Traurigkeit und Neid zu kämpfen. In Deutschland lebt jedes 7. Kind von Sozialhilfe und gehört somit zu den Armen in unserer Gesellschaft.

Arm und Reich

Rollenspiele ermöglichen Kindern, sich mit verschiedenen Aspekten des Themas Arm und Reich auseinander zu setzen.

Material: 1 Uhr, Wandtafel und Kreide oder Clipboard, themenabhängige Requisiten
Alter: ab 6 Jahren

Die Gruppe setzt sich im Kreis zusammen und trägt Beispiele für soziale Unterschiede zusammen.
Die Kinder schließen sich in Zweiergruppen zusammen und entscheiden sich für eine Situation.
Die Spielleitung erklärt den Kindern die jeweilige darzustellende Szene.
Das Paar bereitet die Szene an einem gesonderten Ort 5 Minuten lang vor.
Dabei darf jede Gruppe Rollenverteilung und Dialoge selber festlegen.
Nacheinander führen die Paare vor den Kindern ihr Rollenspiel vor.
Jedes Rollenspiel sollte nicht länger als 3 Minuten dauern.

Ist die Zeit abgelaufen, wird das Spiel abgebrochen.
Nach einer Diskussionsrunde, wobei die unterschiedlichen Darstellungsmodelle auf einer Tafel notiert werden, ist die nächste Gruppe an der Reihe.

Betteln und Gewinnen

Es gibt viele verschiedene Rollenspiele, in denen der Unterschied von Arm und Reich dargestellt werden kann. Hier zwei Beispiele:

Betteln

Ein Bettler fragt einen Passanten nach Kleingeld. Kinder kennen Betteln aus eigener Erfahrung, wenn sie Erwachsene um etwas bitten, das sie besonders gerne haben möchten. Das Gefühl der Machtlosigkeit in einer solchen Situation ist Kindern also nicht unbekannt. Auf der Straße können Kinder bettelnde Erwachsene beobachten. Spätestens hier erfahren sie, dass Betteln in unserer Gesellschaft nicht gerne gesehen wird und nicht wie in anderen Kulturen teilweise als ernst zu nehmender Beruf wie bei den Bettelmönchen in Indien anerkannt ist.

Wie wird diese Situation von den jeweiligen Gruppen dargestellt? Reagiert der Angebettelte genervt und abweisend? Sprechen beide Personen überhaupt miteinander und kommen sie in Kontakt? Gibt es Lösungsvorschläge von Seiten des angesprochenen Passanten?

Lotteriegewinn

Einer von zwei Freunden gewinnt bei einem Glücksspiel viel Geld. Zentrales Thema dieser Szene ist Neid. Einer der Freunde hatte etwas mehr Glück als der andere, ohne dass dieses Glück von ihm durch besondere Leistungen erworben wurde. Wie gehen beide damit um? Ist der vom Glück weniger bedachte Freund neidisch und wütend oder gönnt er seinem Freund das Geld? Und wie geht der Freund mit der Situation um? Realisiert er die möglichen Neidgefühle seines Kumpels?

Diskussionsanregung

● Wie haben die Kinder ihre Situation dargestellt?
● Warum haben die Kinder sich entschieden, ihre Szene auf eine bestimmte Weise darzustellen?
● Hätte es Alternativen gegeben?
● Wer hat welche Rolle in dem Spiel übernommen?
● Wie hätte die Situation noch dargestellt werden können?

Planwirtschaft

Aufgrund der recht negativen Nebeneffekte der Marktwirtschaft wie Armut und Arbeitslosigkeit und der teilweise enormen sozialen Unterschiede, wollten ein paar Menschen den Markt ganz abschaffen, das waren die Planwirtschaftler. In der Planwirtschaft denken sich die Leute einer zentralen Planungsbehörde aus, welche Dinge produziert und welche konsumiert werden. Die Unternehmen sollen nicht mehr einzelnen Unternehmern gehören, sondern allen gemeinsam. Sie sollen Kollektiveigentum sein. Mit Kollektiveigentum ist aber nicht gemeint, dass die Kleidung, die jemand trägt, nicht mehr ihm gehört oder wir unsere eigene Wohnungseinrichtung, unsere Spielsachen und was wir sonst noch so besitzen mit anderen zu teilen haben. Die Planwirtschaft versucht mit den zur Verfügung stehenden Mitteln einen für alle Menschen möglichst gleichen wirtschaftlichen Nutzen zu erreichen. In einer Planwirtschaft kommt es also nicht darauf an, dass einzelne Menschen sehr reich sind und andere ärmer. Hier sollen alle Menschen auf gleiche Weise mit Waren versorgt werden, die sie zum Leben benötigen und die das Leben angenehm machen.

Die Idee der Planwirtschaft ist, dass die einzelnen Unternehmen nicht einfach alleine bestimmen können, was hergestellt und verkauft wird. Sie sollen vielmehr ihren Teil im Gesamtplan der Planungsbehörde erledigen. Das klingt zunächst einmal ganz gut. Schließlich ist es sinnvoll, dass eine Gesellschaft aus den gegebenen Möglichkeiten das beste Resultat herausholt. Die Gefahr des Bankrottes tragen in einer Planwirtschaft nicht mehr die Unternehmen, sondern der Staat und so indirekt alle Menschen gemeinsam. Angenommen, es passiert, dass zu wenig Waren hergestellt werden, leidet ebenfalls die gesamte Gesellschaft darunter und nicht die zentrale Planungsbehörde, die in so einem Fall eine Fehlplanung vollzogen hat. Die Idee eines Planes ist gar nicht schlecht, weil es klüger ist, als einfach drauf los zu produzieren. Der große Nachteil der Planwirtschaft ist aber, dass alle Menschen sehr viel von ihrer persönlichen Freiheit abgeben müssen, damit der Plan auch funktioniert.

Pläne schmieden

Um Pläne von Dingen, die wir unternehmen wollen, zu verwirklichen, benötigen wir stets viele Informationen.

Material: pro Kind ein großes Stück Pappe, Malstifte
Alter: ab 8 Jahren

Alle Kinder sitzen am Maltisch zusammen.
Jedes Kinder malt auf ein Stück Pappe einen Plan, den es gerne einmal verwirklichen möchte.
Um diesen Plan verwirklichen zu können, müssen vorab andere Vorbereitungen getroffen werden, damit der Plan gelingt.
Plant ein Kind z. B. einen Sonntagsspaziergang mit der Familie in den Zoo, benötigt es Informationen darüber, wann der Zoo geöffnet hat, welche Tiere zu sehen sind, ob alle Familienangehörigen Zeit haben, was bei welchem Wetter oder zu einem eventuellen Picknick eingepackt werden muss etc.
Diese dafür notwendigen Aktionen malt bzw. schreibt das Kind in eine große Sprechblase.
Ein anderes Kind plant vielleicht am Sonntag seinen Freund zu besuchen. Dafür muss es wissen, ob der Freund ihn oder sie auch treffen möchte, wann der Bus dorthin fährt, um wie viel Uhr er oder sie bei dem Freund sein soll etc.

In einer Gesprächsrunde tauschen sich die Kinder über ihre Pläne aus.

Variante

Möglich ist auch, eine bereits erlebte Aktion im Nachhinein zu durchdenken.
- Woran musste gedacht werden, damit alles gut klappt?
- Warum hat das eine oder andere nicht geklappt, was hätte vorher bedacht werden müssen?

Wir planen gemeinsam ein Fest

Ein Fest gemeinsam zu planen soll den Kindern das Prinzip der Planwirtschaft spielerisch veranschaulichen. So können die Kinder erfahren, dass es hierbei nicht auf Gewinne und Erlöse ankommt, sondern darauf, dass die Wünsche aller Beteiligten gleichermaßen befriedigt werden.

Material: große Pappe oder Tafel, Schreibzeug
Alter: ab 7 Jahren

Informationen sammeln
Um richtig planen zu können, müssen vorher einige Informationen zusammengetragen werden.
Die Gruppe schreibt auf eine große Pappe oder an die Tafel alle nötigen Informationen, die die Kinder im Gespräch zusammen ermitteln.

- Unter welches Motto soll das Fest gestellt werden?
- Wie viele TeilnehmerInnen sind zu erwarten?
- Welche Speisen und Getränke sollen angeboten werden?
- Wie viele Getränke trinkt jeder?
- Wie viel Kuchen möchte jedes Kind essen oder welche anderen Speisen bevorzugt die Gruppe?
- Wie möchten die Kinder den Raum schmücken?
- Möchten alle FestteilnehmerInnen Musik hören? Wenn ja, welche?

Wahl des Organisationskomitees
Um das Fest planen und organisieren zu können, beschließen die Kinder zunächst ein sog. Organisationskomitee, das abhängig von der Größe der gesamten Gruppe aus 3 – 10 Kindern bestehen sollte.

In einem solchen Komitee gibt es keinen Chef und keine Anführer – alle haben dieselben Aufgaben und dieselben Rechte.

Alle Mitwirkenden schreiben auf einen kleinen Zettel den Namen einer Person, die sie sich für das Komitee wünschen.

Die Spielleitung sammelt die Zettel ein und liest die Namen der vorgeschlagenen Personen vor. Diejenigen Kinder, deren Namen am häufigsten genannt werden, bilden das Organisationskomitee, sofern sie damit einverstanden sind.

Aufgaben des Organisationskomitees

Zu den Aufgaben des Organisationskomitees gehört es, alle nötigen Vorbereitungen zu planen. Dabei geht es um die Beschaffung des Raumes, das Sammeln von Informationen, wo und wie die Getränke und Speisen zu beschaffen sind, wie hoch die Ausgaben für das Fest sein werden u. Ä.

Das Organisationskomitee kann anhand der Informationen verschiedene Vorschläge für die Durchführung des Festes machen.

Abstimmung

Alles, was das Organisationskomitee an Informationen zur Durchführung des Festes herausgefunden hat, trägt es vor der gesamten Gruppe vor.

Die Gruppe stimmt anschließend mehrheitlich über die Vorschläge des Organisationskomitees ab. So kann die Gruppe z. B. darüber abstimmen, ob es Marmorkuchen oder Schokoladenkuchen geben soll und ob jeder sein Lieblingsmusikstück mitbringt oder einige Kinder mit Instrumenten selber Musik machen.

Budget-Planung

Wie viel Geld steht dem Fest zur Verfügung? Kosten der möglichen Ausgaben ermitteln und auf ein großes Blatt schreiben, z. B. 10 Flaschen Limonade kosten 20 Euro. 20 Stückchen Kuchen kosten beim Bäcker 30 Euro. Das macht zusammen 50 Euro. Als Budget hat die Gruppe aber nur 40 Euro und möchte außerdem noch Lampions und Luftballons kaufen. Diskutieren, wie sich das Problem lösen lässt! Beispielsweise könnte die Gruppe den Kuchen selber backen und auf diese Weise Geld sparen.

Alle helfen mit

Die Idee der Planwirtschaft ist es, dass niemand anderen gegenüber benachteiligt werden darf. Bei der Durchführung des Festes gibt es natürlich Aufgaben, die mehr Spaß machen als andere. Den Raum schmücken und den Kuchen zu backen ist sicherlich lustiger als das anschließende Aufräumen nach dem Fest. Aus diesem Grund helfen alle Beteiligten bei allen anfallenden Aufgaben in gleicher Weise mit. Das bedeutet, dass das Kuchenbacken und das Raumschmücken genauso auf alle Kinder verteilt wird wie das Aufräumen und Putzen, wenn das Fest vorbei ist.

Diskussionsanregung

Nachdem das Fest vorüber ist, empfiehlt sich ein abschließendes Gespräch. Folgende Fragen dienen als Anregung:

- Sind alle Kinder zufrieden mit dem Ablauf des Festes?
- Ist jeder/jede auf seine Kosten gekommen?
- Hat das gemeinsame Planen, Abstimmen und Durchführen zu einer Festigung der Gemeinschaft beigetragen?
- Welche Aspekte haben die Kinder dabei als besonders positiv empfunden?
- Was hat ihnen eher nicht gefallen?
- Was war bei der Planung und Durchführung des Festes anders als sonst? (Vgl. die eher marktwirtschaftlich orientierte Aktion „Einen Basar organisieren", s. S. 42).
- Was wäre anders, wenn das Fest marktwirtschaftlich orientiert geplant und durchgeführt würde?

Vom Wert der Dinge und der Grenzproduktivität

Vor etwa 300 Jahren lebte in Schottland ein Mann, der Adam Smith hieß. Weil ihn die Grundfragen des menschlichen Lebens interessierten, hatte er Philosophie studiert. Obwohl sich die Menschen seit der Antike immer schon mit wirtschaftlichen Fragen beschäftigt hatten, existierte die Wirtschaftswissenschaft an den Universitäten damals noch nicht. Wollte jemand den Fragen des menschlichen Lebens nachgehen, und dazu gehörten auch Fragen nach wirtschaftlichen Zusammenhängen, studierte er eben geisteswissenschaftliche Fächer.

Adam Smith schrieb im Laufe seines Lebens einige Bücher zu Wirtschaftsfragen, die noch heute für die WissenschaftlerInnen von großer Bedeutung sind. Vor allem wollte Smith herausfinden, warum manche Staaten besonders reich sind und andere nicht. In seinem berühmtesten Buch mit dem Titel „Der Reichtum der Nationen" kommt er zu der Einsicht, dass jeder von uns die Interessen der Allgemeinheit im Marktgeschehen vorantreibt, ohne es zu merken. Während wir Waren anbieten oder kaufen, verfolgen wir in erster Linie unsere eigenen Interessen. Wir wollen reich werden und viel besitzen. Aber gleichzeitig tun wir mit unserem Verhalten etwas, das allen anderen auch nützt. Jeder von uns sei durch eine unsichtbare Hand gesteuert, die uns dazu bringt, etwas für die Gemeinschaft zu tun. Wenn wir nämlich das Austauschen von Waren vorantreiben, geht es allen besser. Das gesamte Volk und der Staat wird auf diese Weise automatisch reicher. Das war jedenfalls die Ansicht von Adam Smith. Und dabei stellte er in den Vordergrund, dass das wirklich nur dann funktionieren kann, wenn jeder einzelne erst einmal ganz egoistisch denkt.

Diese Idee hatte sich Adam Smith allerdings nicht ganz alleine ausgedacht. Der Holländer Bernard de Mandeville hatte noch vor ihm einen ähnlichen Gedanken gehabt. Er hatte im Jahre 1776 ein Buch geschrieben, über das sich die damalige Gesellschaft enorm empört hatte. Mandeville verglich die Menschen mit Bienen in einem Bienenstock. Die Bienen im Bienenstock leben, so Mandeville, in großem Wohlstand, aber gehen nicht gerade gnädig miteinander um. Jeder ist um die Wahrung seiner eigenen Vorteile bemüht und nur deshalb leben sie in solch einem Reichtum zusammen. Und so sei das mit uns Menschen eben auch, fand Herr Mandeville. Würden wir rücksichtsvoller miteinander umgehen, unsere eigenen Ziele weniger wichtig finden, so würde die gesamte Gesellschaft, in der wir leben, sehr schnell ihren Wohlstand verlieren und letztendlich wäre das Leben sehr langweilig.

Weitere WirtschaftswissenschaftlerInnen haben immer wieder versucht, diese Gedanken weiterzudenken und dadurch zu neuen Erkenntnissen zu gelangen. Ausgehend von Adams Smiths Idee von der unsichtbaren Hand, kam die Frage nach den Produktionsprozessen auf, die dafür verantwortlich sind, welche Waren in welchen Mengen angeboten werden. Ein ganz wesentlicher Gedanke, der verschiedene WirtschaftswissenschaftlerInnen immer wieder zum Nachdenken angeregt hat, war in diesem Zusammenhang die Idee von der sog. Grenzproduktivität. Das klingt sehr kompliziert!

Aber denken wir noch einmal an Adam Smith und stellen wir uns einmal vor, dass sich vielleicht folgende Geschichte zugetragen hat.

Als Adam Smith einmal zu viel Kuchen aß

Der Philosoph Adam Smith, der vor etwa 300 Jahre in Schottland lebte, war zwar nicht gerade ein armer Mann, doch die Schotten galten bekanntlich als nicht sehr großzügig – so auch Adam Smith. Jeden Sonntagnachmittag, wenn er keine Vorlesungen an der Universität von Edinburgh halten musste, kehrte er nach einem Spaziergang durch das schottische Städtchen in eine der teuersten und angesehensten Konditoreien ein. Dort trank er meistens nur eine heiße Tasse Tee, ein Stück Torte wäre ihm viel zu teuer gewesen. Eines Tages hatte der Konditor Geburtstag und so spendierte er allen seinen Gästen so viel Kuchen, wie sie zu essen imstande waren. Ihr müsst nämlich wissen, der Konditor war kein Schotte! Auf diesen Moment hatte Adam Smith schon lange gewartet. Hatte er doch bei jedem seiner sonntäglichen Ausflüge die wunderbaren Torten und Sahnestückchen in den Auslagen der Konditorei bewundern können. Mit vollem Genuss verzehrte er als erstes ein Stück Schokoladentorte. Mh, wie das schmeckte!! Sein größtes Verlangen nach Torte war zunächst gestillt, doch wer kann denn jetzt schon aufhören, wo noch so viel Leckeres angeboten wird? Also entschied er sich für ein großes Stück Himbeersahnetorte. Schmeckt auch nicht schlecht, dachte Adam Smith, als er sich die ersten Sahnebrocken in den Mund schaufelte. Die letzten Bissen der Torte wollten ihm jedoch nicht mehr so recht schmecken. Sollte er aber jetzt schon satt sein? Nein, er wollte die Gunst der Stunde doch richtig ausnutzen, so nahm er noch ein drittes Stück, einen Apfelkuchen. Eigentlich war das immer sein Lieblingskuchen gewesen, doch jetzt merkte er, wie er sich fast zwingen musste, den Kuchen herunterzuschlucken. Beinahe musste er sogar würgen. Nein, ein weiteres Stück würde er nicht essen können! Nachdem er auch den letzten Krümel vom Teller gegessen hatte, wurde ihm sogar übel.

Wie merkwürdig, dass mit jedem zusätzlichen Stück Kuchen der Genuss abnahm! Eigentlich würden wir doch das Gegenteil vermuten! Je mehr Kuchen, umso besser! Dieser Vorfall brachte Adam Smith und einige andere Wirtschaftswissenschaftler auf die Idee, dass es sich mit den Produktionsfaktoren ähnlich verhalten könnte wie mit dem Verzehr von Torten. Der Nutzen einer Steigerung der Produktionsfaktoren fällt von Mal zu Mal geringer aus. Halt!! Was sind Produktionsfaktoren? Das sind die Dinge, die für die Herstellung von jeglicher Ware benötigt werden. Für die Herstellung von Brot brauchen wir Getreide, das auf einem Acker wächst. Der Boden ist hier einer der Produktionsfaktoren. Was benötigen wir noch? Wir brauchen Maschinen, die das Getreide dreschen. Der Besitz von Maschinen ist unser Kapital. Kapital ist also ein weiterer Produktionsfaktor. Und dann wären da noch die Leute, die die Maschinen fahren und das Stroh zu Ballen zusammenbinden, also die Arbeiter. So gehört auch Arbeit zu den Produktionsfaktoren. Die Wirtschaftswissenschaftler behaupten jetzt, dass die Steigerung einer dieser Produktionsfaktoren nicht mehr Nutzen bringen kann, sondern sogar insgesamt zu einer Abnahme des Nutzen führt. Angenommen ein Getreidehersteller will den Produktionsfaktor Arbeit erhöhen, um noch mehr Getreide dreschen zu können. Er stellt also die doppelte Menge an Arbeitern ein. Da er aber nur eine begrenzte Anzahl an Mähmaschinen besitzt, stehen ein paar dieser Arbeiter herum und warten auf die Maschinen. Da auch nur eine begrenzte Menge an Stroh zusammengebunden werden kann, wird mit jedem zusätzlichen Arbeiter die Grenzproduktivität sinken. Der Ertrag des Getreideherstellers ist demnach rückläufig. Die Arbeiter sind gelangweilt, motzen sich vielleicht gegenseitig an, weil nichts zu tun ist oder sie auf die Arbeiter warten, die in den Maschinen sitzen, dass endlich Stroh zusammengebunden werden kann und ähnliches. Wahrscheinlich wäre es für den Getreidehersteller besser gewesen, zunächst einmal mehr Äcker zu bepflanzen, um seinen Ertrag zu vergrößern.

Aus diesen Gedanken heraus entstand die Idee über den unterschiedlichen Wert von Dingen. Warum gibt es Dinge, die sehr billig sind und andere, für die die Menschen bereit sind, viel zu bezahlen? Seltene Dinge werden von uns immer als kostbarer eingeschätzt als solche, die es im Überfluss gibt.

Wenn ich doch nur wüsste!

Die Menschen tauschen nicht nur Waren und Dienstleistungen, sondern auch Informationen miteinander aus. Für wirtschaftliche Beziehungen und Prozesse sind Informationen und Auskünfte unerlässlich. Wer wirtschaftlich handelt, muss feilschen, Verhandlungen führen und sich Strategien überlegen. Denn es geht immer darum, den besseren Handel zu machen. Über das Internet z. B. können KäuferInnen ebenso wie VerkäuferInnen ihre Informationen schnell austauschen. In Sekunden können sie Bilder und genaue Auskünfte über die angebotenen Waren ermitteln und sogar über den Preis verhandeln. So wie das ganze Leben für uns Menschen eine Fülle von Risiken und unvorhersehbaren Ereignissen in sich birgt, steht es auch mit wirtschaftlichen Aktivitäten. Jedes Unternehmen muss damit rechnen, dass Kosten und Preise steigen oder fallen und sich Investitionen als falsch erweisen. Darüber hinaus bedeuten z. B. politische Umbrüche, Naturkatastrophen, technische Neuerungen und die Konkurrenz mit anderen für alle Unternehmen ein gewisses Risiko.

Stellen wir uns ein Unternehmen vor, das Schokolade herstellt. Es benötigt Informationen darüber, wie viel Schokolade die Menschen essen wollen und auch ob die Situation der Menschen es gerade zulässt, sich diese Schokolade zu leisten. In Zeiten, in denen sich die Menschen noch nicht einmal alle lebensnotwendigen Nahrungsmittel kaufen können, würden sie wohl kaum ihr weniges Geld für Schokolade ausgeben. Das Unternehmen muss schätzen, wie teuer die Zutaten, z. B. Zucker und Kakao, für die Schokolade sind und muss die Transportkosten berechnen. Und auch hier lauern wieder Unsicherheiten. Vielleicht sind Kakaobohnen in diesem Jahr besonders teuer, weil Regenfälle einen Teil der Pflanzen zerstört haben. Vielleicht streiken die Flugpiloten, die die Kakaobohnen hierher bringen sollen oder die veralteten Maschi-

nen in der Schokoladenfabrik gehen kaputt. Dann kann es passieren, dass die Leute plötzlich gar keine Schokolade mehr essen wollen, weil sie auf einmal meinen, dass Schokolade dick macht und außerdem schlecht für die Zähne ist. Oder ein anderer Hersteller bietet seine Schokolade zum halben Preis an. Aber wenn Unternehmen möglichst viele Informationen zu einem möglichst frühen Zeitpunkt ermitteln, können sie einigen Unsicherheiten aus dem Weg gehen oder etwas Vermögen für unsichere Zeiten anlegen, um nicht gleich bankrott zu gehen. Letztlich ist im Leben der Menschen aber nicht alles vorhersehbar. Würden wir ständig über alle Risiken nachdenken, die jeder Tag für uns bereit hält, würden wir uns das Leben ganz schön vermiesen. Also verschwenden die meisten Menschen wenig Gedanken an mögliche Lebensrisiken. Anders verhalten sie sich jedoch, wenn es um wirtschaftliche Risiken geht. Da wollen die meisten von uns auf Nummer Sicher gehen. Unternehmen jedoch müssen mit Risiken leben. Und dann gibt es da noch welche, die ganz bewusst die Gefahr des wirtschaftlichen Scheiterns eingehen, um Gewinne zu machen: die Spekulanten.

Spekulieren bedeutet, durch genaue Überlegungen Erkenntnisse zu gewinnen. Spekulanten kaufen Güter in der Erwartung, sie zu einem späteren Zeitpunkt mit Gewinn verkaufen zu können. Sie nutzen die erworbenen Güter nicht selbst, sondern wollen sie möglichst billig kaufen, um später möglichst teuer wieder zu verkaufen. Auch für diesen Job gehört das Sammeln von Informationen dazu. So ist es für Spekulanten z. B. wichtig zu wissen, wann angebotene Waren besonders billig sind und wann sie knapp werden. Gut informierte Getreidehändler kaufen z. B. das Getreide im Herbst, wenn es wegen des Überangebotes besonders billig ist. Getreide lässt sich gut lagern, daher kann ein Händler damit sicher und erfolgreich spekulieren. Im Winter wird der Preis für Getreide höher sein, denn dann wird es langsam knapp und der Getreidehändler kann beim Verkauf damit Gewinne erzielen.

Informationen

Viele Waren entstehen häufig in ganz anderen Ländern, als dort, von wo die benötigten Rohstoffe stammen. So sind v. a. Unternehmer und Kaufleute auf Informationen angewiesen, an welchem Ort etwas produziert wird, woher sie die Rohstoffe beziehen können und wer etwas kaufen möchte. Schon zur Zeit der Phönizier waren Informationen wichtig für die Handelsleute. Heute ist jedoch das Sammeln dieser Auskünfte durch moderne Technik viel einfacher und damit billiger.

Das Verlegen der ersten Telefonkabel von Amerika nach Europa im 19. Jh. war für den Handel ein Durchbruch. Es ermöglichte z. B. einem europäischen Kaufmann in kürzester Zeit einen Hersteller von Cowboystiefeln in den USA zu finden und mit ihm direkt am Telefon über den Preis der Stiefel zu verhandeln. Für den Handel ist aber nicht nur die Verständigung zwischen Käufer und Verkäufer wichtig, sondern auch der Transport der Waren. Gleichzeitig mit der Erfindung des Telefons wurden auch die Transportverbindungen zwischen den Kontinenten durch immer modernere Schiffe schneller, und so wurden Cowboystiefel und andere exotische Waren für eine immer größere Zahl von Konsumenten erschwinglich.

Telefonnetz

Aus mehreren Papprollen, die durch Schnüre miteinander verbunden sind, bauen die Kinder ihr eigenes Telefonnetz.

Material: 1 Papprolle und 1 Zahnstocher pro Kind, Schere, Klebeband, Seidenpapier, dünne Schnur oder Wollfaden
Alter: ab 6 Jahren

Jedes Kind erhält eine Papprolle.
Das Seidenpapier rundlich zurechtschneiden, so dass es über eine der Öffnungen der Rolle passt und ein kleiner Rand übersteht, der später an der Rolle festgeklebt werden kann.
Das Schnurende um die Mitte des Zahnstochers knoten.
Mit dem Zahnstocher in die Mitte des Seidenpapiers ein kleines Loch pieksen und den Zahnstocher mit der Schnur hindurchziehen.

Den Zahnstocher mit Klebeband quer an dem Seidenpapier festkleben.
Das Seidenpapier an der Papprolle festkleben.
Hat jedes Kind ein solches Schnurtelefon, bindet die Spielleitung eine lange Schnur an einen Pfahl oder Baum.
Die Kinder binden nun die Schnüre ihrer Telefone an diese Hauptschnur.
Damit das Telefonieren auch klappt, müssen die Leitungen, einschließlich der Hauptleitung straff gespannt sein.
Darauf achten, dass die Leitungen nicht berührt werden, denn sonst funktioniert die Übertragung nicht!
Während ein Kind in die Öffnung seines Telefons spricht, können die anderen mit dem Ohr auf dem Seidenpapier seine Stimme hören.

Ich will was wissen

Informationen über eine Person, einen Ort oder eine Sache kann ich auf verschiedenen Wegen sammeln. Ich kann beobachten, kann Dritte befragen, kann zuhören, kann etwas anschauen und auch etwas ausprobieren. Das einfachste ist aber, direkt zu fragen.

Material: 1 Ball
Anzahl: ab 4 SpielerInnen
Alter: ab 5 Jahren

Dieses Spiel eignet sich sehr gut für eine Gruppe von Kindern, die sich noch nicht kennen.
Die Kinder setzen oder stellen sich in einen Kreis.
Ein Kind wirft einem anderen Kind den Ball zu und stellt dabei eine persönliche Frage an das Kind, z. B. „Was ist deine Lieblingsfarbe?", „Wie heißen deine Geschwister?", „Was magst du gar nicht leiden?"
Dieses Kind fängt den Ball und beantwortet die Frage.
Dann wirft es ebenfalls den Ball einem Kind zu, von dem es mehr wissen möchte.
Auf diesem Wege sammeln die Kinder viele Informationen übereinander und lernen gezielt, anderen Fragen zu stellen.

Börse

Informationen sind für die Börse besonders wichtig. Die Börse ist ein Markt, auf dem sich interessierte Käufer und Verkäufer von Aktien treffen. Die Börsenmakler sorgen dafür, dass die Preise der Aktien sowohl Käufer wie Verkäufer zufrieden stimmen und beide miteinander ins Geschäft kommen.
Richtige Informationen rechtzeitig zu bekommen, um dann richtige Entscheidungen treffen zu können, ist für Börsenmakler eine kniffelige aber unerlässliche Aufgabe. Heute übernehmen schon viele Computer die Aufgaben der Börsenmakler. Der Preis einer Aktie an der Börse heißt auch Kurs der Aktie.
Die Käufer von Aktien werden Anleger genannt. Die Gewinne werden dann unter den Aktionären geteilt. Ein anderes Wort für teilen ist „dividieren", deshalb wird der Betrag, den ein Aktionär bei der Gewinnaufteilung erhält, auch „Dividende" genannt. In Deutschland besitzen übrigens 5 Mio. Menschen Aktien.
„Börse" heißt auch Geldbeutel oder Portmonee.

Schöner, schneller, sauberer – was die Werbung uns verspricht!

Informationen sind für die wirtschaftlichen Aktivitäten der Unternehmer von enormer Bedeutung. Aber wie sieht es mit den KäuferInnen, den Konsumenten aus? Auch sie benötigen möglichst viele Informationen über die Waren, die sie kaufen. Diese erhalten sie meistens über die Werbung. Und die fängt schon bei der Verpackung der Waren an.

Jedes Unternehmen hat ein besonderes Interesse daran, dass Leute seine Waren kaufen. In einer marktwirtschaftlich orientierten Gesellschaft reicht es meist nicht aus, Waren einfach herzustellen und in Geschäften anzubieten. Die Unternehmer müssen auf ihre Waren aufmerksam machen. Sie müssen den möglichen KäuferInnen einreden, dass genau die von ihnen angebotene Ware viel besser ist, als das von einem anderen Hersteller angebotene Produkt. Wenn wir uns als KäuferIn für eine bestimmte Ware interessieren, sind wir auf bestimmte Auskünfte angewiesen. Wir vergleichen nicht nur die Preise, sondern auch die Qualität der Ware. Und so spielt es bei unserer Entscheidung eben auch eine Rolle, was ein Shampoo sonst noch bewirken kann außer unser Haar zu reinigen.

Aber Vorsicht vor der Werbung! Die Menschen, die sich in den Werbeagenturen die Werbung ausdenken, wissen ganz genau, wen sie wie überreden können. Dafür haben sie viele Informationen über unsere Gewohnheiten, unsere Wünsche und Träume und über unsere Gefühle gesammelt. Werbung hat also auch wieder mit dem Sammeln von Informationen zu tun.

Aber wie funktioniert die Werbung? Wie bringt sie uns dazu, etwas ganz Bestimmtes zu kaufen? Heute weiß z. B. jeder, dass das Zigarettenrauchen ungesund ist. Würden wir in einer Zigarettenwerbung hustende Menschen umgeben von dicken Rauchschwaden sehen, die uns eine Zigarettenmarke anpreisen, würden wir niemals auch nur auf die Idee kommen, dass Zigarettenrauchen Spaß machen könnte. Aber meistens sehen wir in den Werbespots der Zigarettenfirmen junge gesunde Menschen gesellig am Lagerfeuer oder irgendwo in der freien Natur sitzen. An den stinkenden Rauch und die gesundheitlichen Schäden des Rauchens denkt bei diesen Bildern niemand.

Da bin ich wieder!

Werbung in der Flimmerkiste

Viele Dinge werden nur deshalb gekauft, weil sie in der Werbung besonders geschickt angepriesen wurden. Da soll es z. B. Schokolade geben, die gesund für Kinder ist, Haarshampoo, das aus dünnen Haaren wunderbares dichtes Haar zaubert und Jogurtdrinks, die aus uns glücklichere und zufriedenere Menschen machen. Und obwohl die meisten Menschen wissen, dass das alles so nicht stimmen kann, greifen sie im Supermarkt automatisch nach dem einen Shampoo, dem einen Jogurtdrink und genau dem einen Kinderriegel.

Material: 1 großer viereckiger Karton, Schere, Pappe, Buntstifte, Knöpfe, Klebstoff
Alter: ab 6 Jahren

Vorne in den Karton ein großes Loch schneiden, so dass der Karton wie ein Fernseher aussieht.

An der Seite neben dem Bildschirm Knöpfe ankleben.

Oben in den Karton zwei lange Schlitze parallel zueinander schneiden, so dass mehrere dünne Pappstreifen, an deren Enden die Figuren kleben, durchpassen und nebeneinander und hintereinander gespielt werden können.

Der hintere Schlitz kann für ein Hintergrundbild genutzt werden.

Die Kinder können aber auch den Fernseher von innen bemalen und durch zusätzliche Requisiten das „Bühnenbild" verändern.

Figuren, Tiere und Werbeartikel auf Pappe aufmalen, bunt bemalen und jeweils an einen langen Pappstreifen kleben. Der Pappstreifen sollte so lang sein, wie der Karton hoch ist, damit die Figuren den Boden berühren und die Kinder die Pappstreifen am oberen Ende festhalten können.

Die Pappfiguren werden an den Pappstreifen festgehalten und durch den Schlitz gesteckt.

Jetzt können sie durch das Fernsehbild wandern.

Mit den Figuren preisen die Kinder ihre Werbeartikel möglichst werbewirksam an. Sie berichten z. B. von Schuhputzcreme, die Blümchen auf die Schuhe malt, von Süßigkeiten, die gut für die Zähne sind und Kaffee, der schlecht gelaunte Eltern in fröhliche Wesen verwandelt.

Achtung Werbespots!

Kinder erweisen sich beim Ausdenken von Werbespots meistens als besonders kreativ.

Material: Kassettenrecorder oder Videokamera, Musikinstrumente (z. B. kleine Glocke, Trommel, Kochtopfdeckel u. Ä.)
Anzahl: ab 4 SpielerInnen
Alter: ab 6 Jahren

Handelt es sich um eine größere Gruppe, tun sich die Kinder zu dritt oder viert zusammen. Jede Gruppe denkt sich einen Werbespot aus, in dem etwas angepriesen wird, was es bisher noch nicht gab, z. B. Zauberkissen, auf denen es sich zu schlafen lohnt, weil am nächsten Tag alle Wünsche in Erfüllung gehen, oder Zahnpasta, mit der wir uns nur einmal in der Woche die Zähne putzen müssen.
Mit den Instrumenten werden die Spots musikalisch untermalt.
Nach kurzem Üben stellt jede Gruppe ihren Spot vor.
Die Spielleitung nimmt die Spots auf Kassettenrecorder oder Videokamera auf.
Anschließend hören bzw. sehen sich alle Kinder die Spots an.

Diskussionsanregung
- Gibt es Ähnlichkeiten unter den Werbespots? Wenn ja, welche?
- Mit welchen Mitteln wurde versucht, den Spot für die Hörer interessant zu gestalten?
- Wer würde den Gegenstand aufgrund der Werbung kaufen?
- Welche Kriterien, z. B. niedriger Preis, besondere Qualität, Neuartigkeit u. ä., sind für die KäuferIn wichtig?
- Haben Werbespots immer das Ziel, potentielle Käufer über das Produkt zu informieren?
- Zu welchen Mitteln greifen Werbemacher, um das Produkt anzupreisen?

Meins oder deins?

Wirtschaft hat immer etwas mit Gegenständen zu tun, die jemandem gehören, also Besitz. Schon die ersten Streitigkeiten kleiner Kinder drehen sich um die Frage: „Wem gehört das?" Unser Leben lang wird uns dieses Mein und Dein beschäftigen, weil sich wichtige Entscheidungen darin niederschlagen. Es braucht etwas Zeit, bis wir uns in dieser Angelegenheit einigermaßen sicher fühlen.

Für ganz kleine Kinder sind solche Fragen noch nicht ganz so wichtig, weil ihre Eltern alle sie betreffenden wirtschaftlichen Aspekte entscheiden. Aber schon mit acht Jahren dürfen wir per Gesetz in eingeschränktem Umfang wirtschaftlich handeln, d. h. wir dürfen kaufen und verkaufen. Wir dürfen uns dann mit Zustimmung unserer Eltern von unserem Taschengeld z. B. Kleidung, CDs und Bücher selbstständig kaufen und werden so zu Eigentümern dieser Sachen. Das bedeutet, dass wir damit tun und lassen können, was wir für richtig halten. Wir können auch in einem bestimmten Umfang Geld verdienen, indem wir für andere kleinere Tätigkeiten erledigen oder auf dem Flohmarkt alte Sachen verkaufen. Einige Dinge dürfen Kinder jedoch noch nicht kaufen, z. B. Alkohol und Zigaretten.

Mit 18 Jahren ist es uns erlaubt, in vollem Umfang wirtschaftlich aktiv zu werden. Allerdings sind wir dann auch für unsere Entscheidungen ganz allein verantwortlich. Wenn wir Schulden machen, also mehr Geld ausgeben als wir besitzen, sind allein wir dafür verantwortlich, das Geld zurückzuzahlen.

Wenn wir mit anderen Menschen Güter tauschen oder für sie arbeiten, gibt es meistens schriftliche Vereinbarungen, sog. Verträge. Dort steht, wozu sich jeder der Vertragspartner verpflichtet. Verträge müssen eingehalten werden. Weigert sich jemand, den Vertrag zu erfüllen, kann er dazu gezwungen werden.

Menschen brauchen immer irgendwelche Dinge. Sie brauchen ständig etwas zu essen, Spielsachen, wenn sie klein sind. Sie wohnen in Häusern, fahren mit dem Auto oder dem Zug. Sie gehen gern ins Schwimmbad oder im Park spazieren. Manche haben sogar Fabriken, in denen wieder andere an Maschinen oder in Büros an Computern arbeiten. Die Menschen, die in der Fabrik arbeiten, gehören dem Eigentümer der Fabrik allerdings nicht. Menschen zu kaufen oder zu verkaufen ist in unserer Gesellschaft streng verboten. Vielmehr arbeiten sie in der Fabrik für den Eigentümer und erhalten dafür Geld. Sie tauschen ihre Arbeitskraft gegen ein Einkommen.

Menschen haben immer etwas zu tun und dazu verwenden sie viele unterschiedliche Dinge. Wer eine Sache kauft, wird ihr Eigentümer. Mit seinem Eigentum kann er fast machen, was er will. Na ja, nicht ganz. Ein paar Einschränkungen gibt es schon. Da, wo es andere Menschen betrifft, sorgt der Staat mit seinen Gesetzen dafür, dass die Verwendung des Eigentums sich nicht schädlich auf andere oder die Umwelt auswirkt.

Im Rahmen der Beschränkungen durch das Gesetz dürfen der Eigentümer oder die Eigentümerin ihren Besitz in ihrem Sinne gebrauchen. Sie dürfen ihn nutzen und genießen. Und besonders wichtig, niemand darf ihn ihnen einfach wegnehmen. Auch das ist streng verboten, und wer es trotzdem versucht, muss damit rechnen, als Dieb verurteilt und womöglich ins Gefängnis gesperrt zu werden. Eigentümer dürfen ihren Besitz aber anderen für eine Zeit überlassen. Diese können ihn dann ebenfalls gebrauchen, allerdings nur so lange, wie es ihnen erlaubt ist. Die Tatsache, dass jeder erwachsene Mensch Dinge hat, über die nur er allein bestimmen kann, wird das Recht auf Privateigentum genannt.

Das Kollektiveigentum ist das Gegenteil von Privateigentum. Es bedeutet, dass nicht ein einzelner Mensch entscheiden darf, was mit dem Eigentum passiert. Die Menschen nutzen die Sachen, die sie zum Leben brauchen und die, mit denen neue Dinge hergestellt werden, gemeinsam.

In sehr alten Kulturen, wie bei den Aborigines in Australien, ist das bis heute der Fall. Für sie gibt es keine Dinge, die nur einem alleine gehören. Alles, angefangen von der Erde, den Pflanzen, den Flüssen und Seen bis zu den Mythen, Liedern und Tänzen, gehört der Gemeinschaft. Und alle Gruppenmitglieder gehen mit dem Kollektiveigentum pfleglich und vorsichtig um. In unserer Zeit gab es aber auch immer wieder solche Ansätze dafür. Dabei ging es jedoch v. a. darum, Dinge, mit denen neue Waren produziert werden, unter eine gemeinsame Kontrolle zu stellen. Bei den Aborigines funktioniert das bis heute, in unserer Kultur hat es nicht gut geklappt. Die meisten Menschen in unserer Gesellschaft glauben, es ist besser, wenn einzelne über ihr Eigentum entscheiden.

Eine dritte Form des Eigentums ist das öffentliche Eigentum oder öffentliche Gut. Manche Dinge sind in einer Gesellschaft für alle Menschen wichtig, aber für den einzelnen zu teuer. Darum kümmert sich der Staat. Früher schon gab jeder einen Teil seines Eigentums an den Staat ab. Das sind die Steuern. Die Steuern wurden zunächst in Naturalien, mit einem Teil der Ernte oder des Viehs entrichtet. Heute wird Geld an das Finanzamt bezahlt. Steuern werden nicht freiwillig gezahlt. Es gibt eine Steuerpflicht. Und wenn wir uns weigern, können wir gezwungen werden, Steuern zu zahlen. Und das Steuernzahlen beginnt in dem Moment, wo wir etwas einkaufen. Dann geht ein Teil des Geldes, das wir für die Ware bezahlen, in Form von Steuern direkt an den Staat weiter. Kaufen wir für einen Euro ein Eis sind 16 Cent davon Steuern. Ohne die Steuer würde das Eis nur 84 Cent kosten. Diese Steuer ist direkt und fast unsichtbar, weil wir beim Einkaufen selten daran denken.

Es gibt viele Dinge, die der Staat mit dem Geld der Bürger allen Bürgern zum Gebrauch bereitstellt. Wichtig sind z. B. die Bildungseinrichtungen, von den Kindergärten über die Schulen bis zu den Universitäten. Dafür ist die Schule kostenlos, manchmal auch die Schulbücher. Die Lehrer sind beim Staat angestellt und werden ebenfalls vom Staat bezahlt.

Toll ist es natürlich, wenn der Staat z. B. schöne Schwimmbäder baut, Spielplätze einrichtet, genügend Kindergartenplätze anbietet und andere schöne Dinge. Letztlich gibt es viele Dinge, die der Staat bereitstellt, weil es die Bürger so wollen oder weil es nur wenige gibt, die diese Dinge auf eigenes Risiko anbieten. Es gibt zwar auch private Schulen, private Schwimmbäder usw., aber längst nicht so viele, wie gebraucht werden. Und zum anderen ist allen daran gelegen, dass diese Dinge einen möglichst geringen Preis haben, damit die meisten es sich leisten können, sie zu nutzen.

Insofern gibt es auch in unserer Marktwirtschaft Dinge, die allen Menschen zu Gute kommen sollen. Das öffentliche Gut ist also etwas Ähnliches wie das Kollektiveigentum, nur dass es eben nicht eingesetzt wird, um zu produzieren, sondern um allen Menschen einen sonst knappen Nutzen anzubieten.

Eigentum

Eigentumsverhältnisse sind Kindern oft nicht bewusst. Kleine Kinder glauben z. B., dass öffentliche Einrichtungen den Leuten gehören, die darin arbeiten, z. B. das Schwimmbad dem Bademeister und die Schule dem Schuldirektor (oder gar dem Hausmeister, der sich anscheinend um alles kümmert). Im Kindergarten erleben sie das erste Mal, dass es Sachen gibt, die alle gemeinsam benutzen dürfen und die daher von allen gut gepflegt werden müssen. Wie können wir erkennen, wem was gehört? Um deutlich zu machen, dass etwas uns alleine gehört, schreiben wir z. B. unseren Namen darauf. Öffentliche Einrichtungen werden oft mit dem Wort „städtisch" oder „Stadt" gekennzeichnet, z. B. Stadtbücherei, Stadtwerke oder städtischer Park.

Wem gehört was?

In Illustrierten und Zeitungen gibt es Abbildungen von Dingen, die allen Menschen gemeinsam oder jemandem alleine gehören.

Material: alte Zeitungen und Illustrierte, 2 x große Pappe (z. B. DIN A 3), Schere, Klebstoff
Alter: ab 5 Jahren

Die Kinder schneiden aus den Zeitungen und Illustrierten Abbildungen von Dingen aus, die allen Menschen gemeinsam gehören und kleben sie auf eine große Pappe. Das kann die Sonne sein, Wolken und Himmel, Kirchen, Schwimmbäder, Schulen und Parks.
Auf eine andere Pappe kleben sie ausgeschnittene Abbildungen von Sachen, die nur einem einzelnen Menschen gehören können: Autos, Häuser, Schmuck, Nahrungsmittel und Möbel.
Beide Collagen an die Wand hängen.
In einer Gesprächsrunde beide Collagen vergleichen.

Diskussionsanregung
- Gibt es Gemeinsamkeiten der Dinge, die allen gehören?
- Handelt es sich z. B. um Dinge aus der Natur, die niemand wegnehmen kann wie Wolken oder Himmel?
- Gehören manche Dinge vielleicht auch beiden Gruppen an? So kann es z. B. öffentliche Schwimmbäder geben, aber auch private. Es kann private Autos geben, aber auch sog. Stadtautos, die mehreren Leuten gehören.
- Wie würden sich die Kinder eine Welt vorstellen, in der es umgekehrt zugehen würde als jetzt? Dann gehörten z. B. Himmel, Wolken, Sonne jemandem allein, alles andere wäre Kollektiveigentum.

Tangeln

Beim Tangeln wechselt Geld schnell seinen Besitzer. Mit diesem Spiel unterhielten sich die Leute früher in den Wirtshäusern am Tisch.

Material: Schal (zum Verbinden der Augen), mehrere Münzen pro Kind
Alter: ab 6 Jahren (mit Variante für Kinder ab 4 Jahren)

Die Kinder setzen sich in einem Kreis auf den Boden.
Einem Kind werden die Augen verbunden. Es stellt sich neben den Kreis.
Alle vorhandenen Münzen werden in die Mitte des Kreises gelegt.
Ein Kind aus dem Kreis nimmt eine der Münzen und reicht sie mit den Händen hinter dem Rücken an das Nachbarkind weiter.
Die Münze wird von Kind zu Kind weitergegeben, bis das Kind mit den verbundenen Augen „Stopp!" ruft.
Alle Kinder schlagen mit flachen Händen auf den Boden. Wer hat die Münze jetzt?
Das Kind mit den verbundenen Augen rät nun, wo sich die Münze befindet. Vielleicht hat es beim auf den Boden Klatschen etwas gehört?
Hat es richtig geraten, erhält es die Münze.
Hat es falsch geraten, bleibt die Münze bei demjenigen Kind, das sie in diesem Moment in seinen Händen hält.
Nach jeder Runde werden einem anderen Kind die Augen verbunden.
Dabei wechseln die restlichen Kinder ihre Sitzplätze im Kreis.
Das Spiel ist zu Ende, wenn alle Münzen aus der Kreismitte verspielt sind.
Gewonnen hat das Kind mit den meisten Münzen.

Variante für Kinder ab 4 Jahren

Tangeln ist eine Variante unseres altbekannten Spiels „Taler, Taler, du musst wandern …".
Die Kinder setzen oder stellen sich in einem Kreis zusammen.
Alle falten ihre Hände vor dem Bauch, ähnlich wie beim Beten.
Ein Kind sitzt oder steht außerhalb des Kreises und schaut aufmerksam zu.
Ein anderes Kind hält in seinen geschlossenen Händen eine Münze versteckt.
Es geht der Reihe nach im Kreis umher, während die Kinder gemeinsam das Taler-Lied singen:

„Taler, Taler, du musst wandern,
von dem einen Ort zum andern.
Das ist herrlich, das ist schön.
Taler, lass dich nur nicht sehn."

Das Kind mit der Münze streift mit den gefalteten Händen die Hände der anderen Kinder.
Bei einem Kind lässt es die Münze unauffällig in die Hand gleiten.
Nach dem Lied errät das außenstehende Kind, wer die Münze bekommen hat.
Rät es richtig, darf es in der nächste Runde die Münze austeilen.
Errät es nicht, wer die Münze hat, darf das Kind, das die Münze in Händen hält, sie bei der nächsten Runde austeilen.

Potlatch und Geschenkeverteilen

Die Indianer an der Nordwestküste Nordamerikas feiern sog. Potlatchfeste zu Anlässen wie Hochzeiten, Totengedenkfeiern oder wenn ein neuer Häuptling sein Amt antritt. Das indianische Wort „Potlatch" heißt Geben. Bei einem Potlatchfest geht es darum, anderen etwas von seinem Besitz abzugeben. Meistens gaben die Gastgeber ihren Gästen – eingebunden in eine spektakuläre Zeremonie – Geschenke wie Decken, Fische, Pelze oder Schmuck. Zunächst klingt das vielleicht ungewöhnlich, doch auch bei unseren Festen, Hochzeiten, Geburtstagen oder anderen größeren Feiern beschenken wir unsere Gäste mit besonderen Speisen und Getränken.

Wichteln

Auch unser vorweihnachtliches Wichteln ist eine Art Potlatch.

Material: Teilnehmerliste, Zettel, Stifte, Hut, 1 kleines Geschenk pro Kind
Alter: ab 4 Jahren

Damit jedes Kind ein Geschenk im selben Wert erhält, legen alle Beteiligten vorher gemeinsam fest, wie viel Geld das Geschenk kosten soll. Bitte beachten, dass es mehr um das Verteilen und Tauschen geht, als um die Größe und den Preis des Geschenkes. Empfehlenswert ist, selbst gebastelte Geschenke mitzubringen. Das können von den Kindern gebackene Kekse oder ein selbst gebasteltes Sparschwein oder vielleicht ein Spiel sein.

Losen
Die Kinder sitzen im Kreis und erhalten alle einen kleinen Zettel und einen Stift.
Sie zählen laut mit „1" beginnend einmal fortlaufend durch.

Jedes Kind merkt sich seine Zahl und schreibt sie auf den kleinen Zettel.
Die Gruppenleitung schreibt die entsprechenden Zahlen neben die Namen auf eine Teilnehmerliste.
Alle Zettel werden zusammengefaltet und in dem Hut kräftig gemischt.
Der Reihe nach zieht jedes Kind einen Zettel.
Für das Kind, dessen Zahl auf dem jeweiligen gezogenen Zettel steht, bringt das Kind an einem vereinbarten Tag ein kleines Geschenk mit.
Sollte eines der Kinder versehentlich seine eigene Zahl ziehen, darf es den Zettel zurücklegen und einen neuen ziehen.

Schenken
Die Kinder packen ihr Geschenk zu Hause ein und schreiben die gezogene Zahl darauf.
Alle Geschenke werden auf dem Boden ausgebreitet.
Der Reihe nach zieht jedes Kind ein Geschenk und überbringt es demjenigen, dessen Zahl darauf steht.

Virtuelles Wichteln

Es geht auch ganz ohne den Austausch von materiellen Dingen – und trotzdem mit viel Spaß!

Material: Zettel, Bleistift, Behälter
(z. B. Hut)
Alter: ab 8 Jahren

Jedes Kind schreibt seinen Namen auf einen Zettel und legt ihn zusammengefaltet in ein Behältnis.
Die Spielleitung mischt die Zettel und lässt der Reihe nach alle einen Zettel ziehen.
An einem vereinbarten Tag bringt jedes Kind ein „virtuelles", also ein ausgedachtes Geschenk für die Person mit, deren Name es gezogen hat. Weil ausgedachte Geschenke nichts kosten, können Häuser, Spielzeugfabriken oder Karibikurlaube verschenkt werden. Entscheidend ist, dass das Geschenk zu der betreffenden Person passt und ihr sicherlich große Freude machen wird. Das Schöne ist, dass hierbei keine finanziellen Grenzen gesetzt sind.
Der Reihe nach berichtet jedes Kind von seinem Geschenk und begründet, warum es genau das und kein anderes ausgesucht hat.
Die anderen raten gemeinsam, für wen dieses Geschenk gedacht ist.
Haben sie es erraten, wird das Geschenk übergeben.
Das nächste Kind kommt dran.

Diebstahl

Nicht nur durch Schenken wird Eigentum umverteilt, sondern auch durch Diebstahl. Ein Dieb ist jemand, der sich einfach etwas nimmt, das ihm nicht gehört. Für den Bestohlenen ist die Angelegenheit meistens ärgerlich. Wird der Dieb erwischt, erhält er in der Regel eine Strafe. Dabei ist ausschlaggebend, welchen Wert das Diebesgut hatte. Wer sich etwas besonders Wertvolles stibitzt hat, wird härter bestraft, als jemand, der nur eine Kleinigkeit entwendet hat.

Fang den Dieb

Das Bewegungsspiel „Askazi Na Wezi Au Walevi" stammt aus Sansibar, einer kleinen Insel im Indischen Ozean, und bedeutet so viel wie „Fang den Dieb".

Material: 1 Eieruhr
Ort: große Fläche im Freien
Alter: ab 5 Jahren

Eines der Kinder wird zum Polizist oder zur Polizistin gewählt.
Alle übrigen Kinder sind Diebe.
Ein Platz an einem nahe gelegenen Baum oder Stein wird zur Polizeistation erklärt.
Die Spielleitung stellt die Uhr auf 3 – 5 Minuten ein und gibt das Startzeichen.
Alle Diebe laufen über die gesamte Fläche davon.
Der Polizist oder die Polizistin versucht, die Diebe zu fangen.
Hat die Polizei einen der Diebe erwischt, bringt sie ihn auf die Polizeistation.
Von hier dürfen die gefangenen Diebe bei dieser Spielrunde nicht mehr davonlaufen.
Nach 3 – 5 Minuten klingelt die Eieruhr.
Die Runde ist beendet.
Die Polizei zählt ihre gefangenen Diebe.

Für die nächste Runde bestimmen die Kinder einen neuen Polizisten.
Wer die meisten Diebe in der festgelegten Zeit gefangen hat, hat gewonnen.

Schatzwache

Ein Schatz bedeutet Glück und stellt einen besonderen Besitz dar. Deswegen sind Schätze seit jeher begehrtes Diebesgut.

Material: Stock, 2 große Steine (als Schätze)
Alter: ab 8 Jahren
Ort: sandiger Untergrund

Ein ausgewähltes Kind zeichnet mit einem Stock ein großes „S" in den Sand.

Um die Schlangenlinie herum malen zwei andere Kinder einige Inseln.

Ein Kind unterteilt die Spielfläche mit einer horizontalen Markierungslinie in zwei Teile, quer durch das „S".

Zwei Kinder legen die beiden Schätze in je eine Rundung des „S".

Die Kinder bilden nun zwei gleich große Gruppen, die sich jeweils auf eine Hälfte der Spielfläche verteilen.

Einige SpielerInnen halten sich nahe bei ihrem Schatz auf, um ihn zu bewachen.

Die Spielleitung gibt das Startzeichen.

Die Kinder versuchen, in das Gebiet der gegnerischen Gruppe zu gelangen, um den Schatz zu erbeuten.

Dabei müssen die Kinder auf einem Bein hüpfen.

Nur auf den kleinen Inseln können sie sich ausruhen und ihren zweiten Fuß absetzen.

Hier dürfen sie nicht gefangen genommen werden.

Hat eines der Kinder ein gegnerisches Kind mit der Hand an der Schulter berührt, ist dieses gefangen und scheidet aus.

Diejenige Gruppe hat gewonnen, die es schafft, den Schatz der anderen Gruppe zu rauben.

Der Apfelsinendieb

Heute hat fast jedes Geschäft eine Alarmanlage, die ertönt, sollte es jemand wagen, sich mit einer Ware, die er nicht bezahlt hat, aus dem Geschäft zu schleichen. Bei diesem Geschicklichkeitsspiel erklingt die Alarmanlage in Form eines kleinen Glöckchens.

Material: 1 Schale Apfelsinen (oder ähnlich aromatische Früchte), 1 Glocke, viele lange Schnüre, 1 Schal (zum Verbinden der Augen)
Alter: ab 6 Jahren

Ein Kind wird zum Apfelsinendieb gewählt.
Die Spielleitung verbindet ihm die Augen.
Die anderen Kinder platzieren die Schale mit den Apfelsinen irgendwo im Raum.
Die Glocke an eine der Schnüre befestigen und die beiden Enden der Schnur jeweils so an ein Möbelstück, z. B. ein Stuhl- oder Tischbein im Raum möglichst hoch binden, dass die Schnur straff gespannt ist, aber keine Stolperfalle darstellt.
Die restlichen Schnüre an der Hauptschnur verknoten und von dort aus quer durch das Zimmer spannen.
Den Apfelsinendieb mehrere Male im Kreis herumdrehen, damit er die Orientierung verliert.
Der Dieb wird nun versuchen, dem Geruch nach zu folgen, um die Apfelsinen zu finden, damit er sie stehlen kann. Dabei sollte er sich besonders langsam und vorsichtig im Raum bewegen, denn jedes Mal, wenn er eine der Schnüre berührt, klingelt die Glocke und er wird erwischt.

Bruno ist verwirrt

Ich heiße Bruno. Ich bin jetzt 8 Jahre alt und ein ganz normaler Junge. Manchmal schlagen meine Eltern die Hände über dem Kopf zusammen. Eltern regen sich ja total schnell auf. Aber eigentlich wollte ich was zum Geld und Einkaufen erzählen. Ich muss zugeben, das hat eine Weile gedauert, bis ich endlich kapiert habe, wie das geht. Meine Oma Ellie ließ zu dem Thema immer die besten Sprüche los. Einmal an Weihnachten meinte sie zu meiner Mutter: „Am Golde, liebe Karin, hängt, zum Golde drängt alles". Meine Mutter verzog das Gesicht. Oma liebte es, ihre Weisheiten mehrmals zu wiederholen. Besonders an Weihnachten, da konnte ja keiner weglaufen.

Ich meinte nur vorwitzig: „Wieso Gold? Bei uns liegt kein Gold herum, Oma. Und es drängt sich auch niemand danach." Die Reaktion meiner Oma ließ nicht lange auf sich warten. „Sei still, Bruno, davon verstehst du nichts", lachte sie nur und redete einfach weiter. „Geld regiert die Welt, Karin, vergiss das nicht!" Sie hob ihren Zeigefinger und wedelte damit durch die Luft. Fast hätte sie mich damit erwischt. „Autsch, Oma, pass doch auf", schimpfte ich, aber Oma Ellie ließ sich niemals beirren und quasselte einfach weiter.

„Lieber Bruno, komm doch mal her", wandte sie sich plötzlich an mich und begann, mir eine Geschichte zu erzählen, die ich schon fast vergessen hatte.
„Du warst damals noch sehr klein, Bruno. Ich glaube, es ist wohl schon drei Jahre her. Deine Mama wollte, dass du zum Laden an der Ecke gehst, um noch ein paar Kleinigkeiten einzukaufen. Kannst du dich noch daran erinnern?", ihr Zeigefinger näherte sich gefährlich meiner Nase. „Dunkel", gab ich schnell zur Antwort, so als interessierte mich die Geschichte nicht wirklich.

„Lieber Bruno, dann hör' mal gut zu. Denn schließlich wärst du fast zum Dieb geworden. Geld ist eine sehr bedeutende Sache in unserer Welt, und deshalb ist es auch so wichtig, dass jedes Kind rechtzeitig lernt, damit umzugehen. Also, deine Mutter schickte dich damals los, etwas Gemüse zu holen ..." Meine Oma Ellie erzählte so weiter, obwohl keiner mehr zuzuhören schien. Doch ich musste an die Zeit denken, in der ich noch keinen blassen Schimmer vom Geld hatte. Und da fiel mir die Diebesgeschichte wieder ein.

Meine Mutter hatte mal wieder etwas auf dem Markt vergessen und ich sollte jetzt noch schnell in das Lädchen an der Ecke laufen und den Rest besorgen. Sie drückte mir einen Geldschein in die Hand und sagte: „Bruno, gehst du damit mal runter ins Lädchen zu Herrn Peters und holst mir bitte noch ein paar Tomaten und ein paar Bananen?" – „Wenn du willst, darfst du dir auch noch einen Lutscher mitnehmen", fügte sie hinzu. Ich nickte unsicher. Lust hatte ich keine, weil ich gerade meine Lieb-

lingssendung im Fernsehen gucken wollte. Und eigentlich wusste ich auch nicht so recht, was ich mit dem Geldschein machen sollte. Zugeben wollte ich das aber auch nicht. Also ging ich brav nach unten in den Laden. Ich beeilte mich, denn ich wollte schnell wieder zu Hause sein. Im Laden schnappte ich mir schnell ein paar Tomaten und die Bananen. Auf dem Weg zur Kasse fiel mir dann ein, dass ich mir ja noch einen Lutscher mitnehmen durfte. Ich nahm mir den schönsten aus dem Regal und steckte ihn sofort in meine Jackentasche. Schnell lief ich zur Kasse und legte das Gemüse und den Geldschein auf das Band. „Na, Bruno, wieder in Eile?", meinte die Kassiererin Frau Huth freundlich und begann mit ihren flinken Fingern auf den großen Kasten zu schlagen. Tatsächlich hatte ich es eilig und wollte so schnell wie möglich wieder verschwinden. Ich packte also meine Bananen und die Tomaten und wollte wieder abhauen. „Tschüss", rief ich noch und wollte schon loslaufen. An der Tür jedoch packte mich eine kraftvolle Hand und hielt mich fest. Herr Peters, der Ladenbesitzer, sah mich streng an und fragte mich mit lauter Stimme. „Hast du nicht noch was vergessen, Bruno?" Ich war steif vor Angst und konnte nur noch stottern. „Nein, äh, wieso, Herr Peters? Ich hab' nur die Tomaten und die Bananen. Das Geld hab ich doch auch hingelegt. Bitte, darf ich nach Hause gehen?" Das Gesicht von Herrn Peters verdüsterte sich immer mehr. Er war sowieso nicht der Freundlichste. Er schaute immer so böse, als würden alle Leute ihn den ganzen Tag furchtbar ärgern. „Böser Bruno, darf man denn lügen und stehlen? Was ist denn das hier?" Ich konnte nur noch ‚So ein Mist' denken. Er zog den Lutscher aus meiner Tasche. Den hatte ich in der Eile ganz vergessen. „Kannst du mir bitte erklären, wie dieser Lutscher hier in deine Jackentasche kommt?" Kleinlaut versuchte ich ihm zu erklären, dass ich nicht daran gedacht hatte. Herr Peters war sauer. Mit knappen Worten setzte er mich vor die Tür, nachdem er mir den Rest meines Einkaufsgeldes für den Lutscher abgeknöpft hatte.

Nachdenklich ging ich nach Hause. Meine Mutter stand in der Küche und war mit dem Mittagessen beschäftigt. Ich legte die Sachen auf den Tisch und wollte gleich in meinem Zimmer verschwinden. Da rief sie auch schon hinter mir her: „Bruno, hast du nicht vielleicht etwas vergessen?" Ich schwieg ahnungslos. Was sollte ich denn jetzt schon wieder vergessen haben? Aber da kam sie auch schon um die Ecke gelaufen und sah mich fragend an. Ich blickte fragend zurück. „Na? Hast du nicht noch etwas Geld zurückbekommen?", sie lächelte. Da musste ich ihr erzählen, was passiert war, und dass Herr Peters ziemlich sauer auf mich war. Ich kam mir klein und dumm vor. Als meine Mutter das hörte, rannte sie schnell runter in den Laden zu Herrn Peters. Dort klärte sie ihn über das Missverständnis auf. Als sie zurückkam, setzte sie sich seufzend mit dem Rückgeld zu mir und erklärte mir ganz genau, wie das mit dem Geld funktioniert. „Schau mal. Der Herr Peters war natürlich sauer, weil er geglaubt hat, dass du den Lutscher nicht bezahlen wolltest. Vermutlich hast du gedacht, dass du ja genug Geld von mir mitbekommen hast. Jetzt aber kommt das Wichtige: Alle Sachen im Laden haben einen bestimmten Preis. Auch der kleinste Kaugummi. Und der steht auf einem Preisschild irgendwo auf der Ware. Will jemand also einen Lutscher, eine

Banane und einen Blumenkohl kaufen, müssen erstmal alle Zahlen zusammengezählt werden. Daraus ergibt sich dann der Gesamtpreis. Das ist immer der Moment an der Kasse, wo die Kassiererin eine Zahl nennt, nämlich den Gesamtpreis der Waren, die wir kaufen wollen. Wenn alles zusammen sagen wir 5 Euro kostet, musst du so viele Münzen herausgeben, dass die Zahlenwerte auf den Münzen zusammen mindestens den Wert von 5 Euro ergeben. Wenn wir es nicht passend haben, kriegen wir den Rest wieder zurück. Würden wir der Kassiererin einfach nur Geld hinlegen und sagen ‚stimmt so‘, würde sie uns sicherlich komisch anschauen. Du siehst, Bruno, man muss also schon rechnen können, um richtig einzukaufen. Und wir müssen an der Kasse alle Sachen aufs Band legen, die wir kaufen wollen, damit die Kassiererin auch alles richtig zusammenzählen kann. Tun wir das nicht, denken die anderen, wir wollten heimlich, still und leise etwas mitnehmen, ohne es zu bezahlen. Und dann wird man für die anderen schneller ein Dieb, als einem lieb ist.“

Zum Schluss meinte sie zu mir: „Mein lieber Bruno, jetzt verstehst du vielleicht besser, warum Herr Peters dich für einen Dieb hielt. Er wusste gar nicht, dass du noch nicht mit Geld umgehen kannst. Und dass du dir den Lutscher gleich in die Tasche gesteckt hast, war natürlich ein bisschen ungeschickt.“ Mir wurde sehr trüb zumute. Erst verstand ich das mit dem Geld nicht und dann meinte Herr Peters auch noch, ich sei ein Dieb. „Aber das wird schon, Bruno, mach’ dir da mal keine Sorgen. Du wirst sehen, mit ein wenig Übung wird dir das alles bald ganz normal vorkommen.“ Sie lächelte mich ermutigend an.

„Aber Bruno, es ist vielleicht besser, wenn du in den nächsten Tagen deine Lutscher woanders kaufst.“ Sie grinste mich an und ich war froh, dass sie mich nicht für einen Dieb hielt. So war das damals.

„Meinst du nicht, Karin, dass Bruno aufpassen muss, dass er nicht mal ein kleiner Räuber wird?“, drang Oma Ellies laute Stimme plötzlich an mein Ohr, und sie amüsierte sich wieder großartig. Ich schaute meine Mutter an und sah, wie sie mich angrinste. Wie damals nach der Sache in Herrn Peters Laden.

Wirtschaft geht uns alle an

Es stimmt wirklich: Wirtschaft geht uns alle an. Wirtschaft gibt es nicht irgendwo an einem bestimmten Ort. Sie hat keine Adresse und auch keine Hausnummer, sie existiert nicht nur auf einem Kontinent oder gar auf einem fremden Planeten. Sie ist eigentlich überall und wir sind ein Teil davon.

Solange wir klein sind, entscheiden unsere Eltern die meisten wirtschaftlichen Fragen für uns. Sie bezahlen mit ihrem Geld, was wir trinken und essen, und sie kaufen uns neue Kleidung. Später bekommen wir eigenes Taschengeld und können davon selbst manche Waren bezahlen. Solange wir aber unser Geld noch nicht verdienen, sind wir ausschließlich als Verbraucher ein Teil der Wirtschaft.

Die Menschen müssen wirtschaftlich handeln, um für ihren Lebensunterhalt zu sorgen. Anders gesagt: Der Mensch muss arbeiten. Mit ihrem Lohn befriedigen die Menschen ihre Bedürfnisse, die ganz unterschiedlich sein können. Da wären zunächst einmal die Grundbedürfnisse Essen und Trinken, Kleidung und Wohnen. Damit ist es aber noch lange nicht getan. Schnell gehen unsere Bedürfnisse über den Kreis der Notwendigkeiten hinaus. Wir wünschen uns Süßigkeiten oder gehen in ein Restaurant, um nicht immer kochen zu müssen. Dann und wann fahren wir mit dem Auto oder dem Zug in die Ferien. Wenn wir in die Schule kommen, brauchen wir einen Schreibtisch, Bücher, Hefte und Stifte zum Schreiben. Alle diese Dinge, von Ökonomen auch Waren und Dienstleistungen genannt, müssen erst hergestellt oder verrichtet werden, damit wir sie genießen können. Das war nicht immer so. Es hat lange gedauert, bis die Menschen die meisten im Leben benötigten Dinge mit ihrem Geld bei anderen kaufen konnten. Früher mussten sie nämlich fast alles selber herstellen. Entweder gab es gar niemanden, der die gewünschte Sache angefertigt hat oder die

Waren waren für die meisten unerschwinglich. So baute sich jeder seine eigene Wohnung, pflanzte seine eigenen Nahrungsmittel an und nähte sich die Kleidung selbst.

Die Zeit, in der wir noch nicht alleine entscheiden können, was wir kaufen, abgesehen von unserem Taschengeld, dauert ziemlich lange. Mindestens so lange, bis wir unser erstes Geld verdienen. Das wiederum hängt davon ab, auf welche Schule wir gehen und wie lange. Manche Kinder gehen auf die Hauptschule, andere auf die Realschule oder zum Gymnasium. Früher oder später ist jeder gezwungen zu überlegen, was er beruflich anfangen will. Die Eltern wollen nämlich nicht ihr Leben lang Taschengeld sowie Kleidung, Essen und die Vergnügungen ihrer Kinder bezahlen. Und so kümmern sie sich auch darum, welchen Beruf ihr Kind einmal ergreifen soll. Dabei sind zwei Fragen zu beantworten: „Was kann ich gut?" und „Was macht mir wirklich Spaß?" Die dritte folgt gleich darauf: „Kann ich mit meinem Beruf genug Geld verdienen?" Diese Fragen begleiten uns, sobald wir in die Schule kommen. Denn nach der Grundschule müssen wir die wichtige Entscheidung treffen, ob wir später einen Ausbildungsberuf ergreifen wollen oder einen Beruf, für den ein Studium notwendig ist.

Eine Ausbildung findet direkt in einem Unternehmen statt oder wieder an einer Schule. Es gibt sehr viele Ausbildungen. Sie alle hier aufzuzählen, ist unmöglich. Im Moment gibt es über 300 Ausbildungsberufe. Einige typische sind Kaufmann bzw. -frau, MechanikerIn, MaurerIn, FotografIn, ElektrikerIn, ArzthelferIn und SekretärIn.

Gymnasiasten verlassen mit 18 bis 20 Jahren die Schule. Nach dem Abitur, dem Schulabschluss am Gymnasium, können sie entweder eine Ausbildung machen oder zur Universität gehen. In der Universität arbeiten und lehren WissenschaftlerInnen. Sie funktioniert z. T. so ähnlich wie die Schule. Es gibt bestimmte Fächer und Themen, die von Professoren gelehrt werden. Die SchülerInnen heißen StudentInnen. Ein Studium kann zwischen 5 und 10 Jahre dauern. Lehrer, Ärzte und Rechtsanwälte haben an einer Universität studiert. Mit dem Abschluss seines Studiums hat ein Student aber oft noch keinen richtigen Beruf. So benötigten JournalistInnen, AutorInnen und ManagerInnen zwar ein Studium als Grundvoraussetzung, es ist aber nicht direkt vorgeschrieben, was sie studiert haben müssen.

Wie hängt das nun mit der Wirtschaft zusammen? Wer nach der Schule nicht viele Jahre studieren will, sucht sich einen Ausbildungsplatz. Informationen über alle Berufe hat das Arbeitsamt, das es in jeder größeren Stadt gibt. Eine Aufgabe der Wirtschaft ist es, Güter und Dienstleistungen anzubieten, die einen Nutzen für jemanden haben. Das klingt sehr allgemein, ist aber nicht schwer zu verstehen. Das meiste, was wir jeden Tag benutzen, haben andere Menschen hergestellt. Sie verdienen ihr Geld aber auch damit, dass sie anderen bei etwas behilflich sind. Wir vergessen das manchmal, weil es so normal ist. Es fällt uns erst dann auf, wenn irgendeine Sache fehlt, die wir dringend brauchen könnten. Dann stellen wir schnell fest, dass sich unsere Kleidung, die Zahnpasta, das Müsli, unser Schreibpapier in der Schule, unsere CDs und vieles mehr nicht einfach durch andere Dinge ersetzen lassen. Oder der Bus kommt nicht, weil der Busfahrer einen Unfall gebaut hat, und die Schulstunde fällt aus, weil die Lehrerin krank ist. Auffallend ist auch, dass manche Güter nicht so notwendig sind wie andere. Nützlich werden Güter erst, wenn die Kleidung passt, die Zahnpasta unsere Zähne reinigen hilft, das Müsli schmeckt und gesund ist, das Schreibpapier auch zum Schreiben verwendet werden kann und auf der CD die Musik zu hören ist, die wir hören wollen. Oder der Busfahrer fährt immer in die richtige Richtung und die Lehrerin erklärt immer nur so, dass es die

Kinder verstehen. Damit es aber so funktioniert, wie wir das erwarten, müssen die Menschen, die die Güter hergestellt haben oder uns bei etwas behilflich sind, auch verstehen, was sie tun. Sie müssen wissen, wie Kleidung genäht wird, aus welchen Stoffen Zahnpasta besteht, welche Körner in ein Müsli hineingehören, wie Papier gemacht wird und wie Musik auf die CD kommt. Wer weiß schon alles? Weil niemand alle Berufe gleichzeitig erlernen und ausüben kann, gibt es die Arbeitsteilung. Jedes einzelne Produkt oder jede einzelne Dienstleistung ist teilbar in verschiedene Arbeitsschritte. Diese Arbeitsteilung kann innerhalb eines einzelnen Unternehmens stattfinden, wo unterschiedliche Arbeitsschritte auf ein Produkt angewendet werden. Arbeitsteilung funktioniert aber auch zwischen unterschiedlichen Unternehmen. In diesem Fall übernimmt ein Unternehmen die Arbeit für einen bestimmten Arbeitsschritt und liefert das Ergebnis an das nächste Unternehmen, das dann seinerseits mit den nächsten Arbeitsschritten weitermacht. Eine Entwicklung, die heute sehr wichtig geworden ist, ist die Arbeitsteilung zwischen Unternehmen aus unterschiedlichen Ländern.

Die Arbeitsteilung, die in unserer Wirtschaft einen sehr großen Stellenwert einnimmt, führt auch dazu, dass es so viele unterschiedliche Berufe gibt. Also braucht eine Wirtschaft viele Menschen, die etwas von dem verstehen, was sie auf dem Markt als Ware oder Dienstleistung anbieten möchten. Dieses Wissen und Können erwerben sich die meisten in der Ausbildung und im Studium. Wobei selbst Ausbildung und Studium oft noch nicht ausreichen, um nützliche Güter zu produzieren oder eine hilfreiche Dienstleistung anzubieten. Erst in der Berufspraxis verbessert sich das Können und vertieft sich das Wissen über das eigene Produkt oder die eigene Dienstleistung.

Die Apfelpflücker von Pommerelle

*I*n einem fernen Land mit Namen Pommerelle wachsen überall an den Bäumen Äpfel, die jeder pflücken kann. Glücklicherweise mögen die Leute in Pommerelle Äpfel sehr gern. Da nicht immer jeder Lust hat, auf einen Baum zu steigen, um sich dabei vielleicht auch noch den Hals zu brechen, gibt es eine Gruppe von Apfelsammlern, die aufs Apfelpflücken in Pommerelle spezialisiert sind. Diese Arbeit ist recht einfach. Schließlich ist das Apfelpflücken nicht schwer, obwohl natürlich das Klettern Mut erfordert und auch das schnelle Pflücken. Damit möglichst viele Äpfel im Angebot sind, gibt es viele Leute, die diese Tätigkeit ausüben. Reich werden konnten die Apfelpflücker zwar nicht, trotz der sprichwörtlichen Apfelbegeisterung in Pommerelle, aber immerhin verdienten sie genug Geld, um sich Wohnung, Essen, Kleidung und ein paar Kleinigkeiten nebenher leisten zu können.

Eines Tages aber geschah etwas, das das Leben der Apfelpflücker von Pommerelle komplett veränderte. Einer der Apfelpflücker, er hieß Samuel, war schon länger in diesem Beruf tätig. Mit der Zeit hatte er ein bisschen die Lust verloren, immer und immer wieder auf den Bäumen herumzuklettern, sich vielleicht doch noch den Hals zu brechen, und das alles für einen recht geringen Lohn. Als er wieder einmal ein paar Tage nicht auf die Bäume konnte, weil ihm der Rücken weh tat, grübelte er auf seiner Couch darüber, wie er sein Leben etwas angenehmer gestalten könnte. Da hatte er eine Idee. ‚Ich könnte mir ein Gerät bauen, mit dem ich nicht mehr mühsam hoch in die Bäume steigen müsste, sondern die Äpfel leicht und bequem vom Boden aus pflücken könnte‘, dachte er bei sich. ‚Außerdem könnte so das Pflücken viel schneller als bisher erledigt werden, und etwas leichter wäre die Arbeit auch‘, fiel ihm ein. Gedacht, getan. Mehrere Tage verschwand er in seinem Schuppen und probierte und hämmerte und probierte und hämmerte. Dann flog die schwere Tür zu seinem Schuppen auf und er kam grinsend herausgelaufen. In seiner Hand hielt er ein Apfelpflückobjekt, wie es die Leute von Pommerelle noch nie zuvor gesehen hatten.

Einige staunten, andere schauten verdutzt. Wieder andere hielten sich den Bauch vor Lachen. Schon am nächsten Tag war das Lachen der Spötter in Pommerelle verstummt. Als sie nämlich sahen, wie Samuel mit seinem Apfelpflückgerät die Äpfel von den Bäumen holte und zu aller Erschrecken so viele, dass für die anderen kaum noch welche übrig waren, merkten auch die Spötter endlich, dass eine neue Zeit angebrochen war. Immer mehr Apfelpflücker mussten ihren Beruf an den Nagel hängen, weil sie nicht mehr genügend Äpfel fanden, die sie den immer noch begeisterten Apfelessern in Pommerelle verkaufen konnten. Samuel und sein Apfelpflückgerät hatte das meiste schon von den Bäumen geholt. Das, was übrig war, reichte nicht mehr für alle.
In ihrer Not fragten einige Apfelpflücker Samuel, ob sie bei ihm arbeiten könnten. Schließlich merkte dieser bald, dass er mit seinem neuen Gerät viel mehr Äpfel pflücken konnte, als er selbst an einem Arbeitstag schaffte. Außerdem konnte er die vielen

Äpfel gar nicht mehr alleine auf dem Markt verkaufen. Und so begann er, Pflücker und Verkäufer einzustellen.

Doch nur wenige fanden bei Samuel eine neue Arbeit. Die meisten ehemaligen Apfelpflücker mussten sich, ob sie wollten oder nicht, eine neue Arbeit suchen. Und das war nicht einfach. Denn wo sollte die Arbeit herkommen?

Natürlich ist die Geschichte hier noch nicht zu Ende. Denn eines Tages gelang einem anderen Apfelpflücker ein ähnliches Supergerät zu bauen – mit dem Unterschied, dass es sich sogar um eine richtige Maschine handelte. Samuel erschrak, als er das hörte. Mit seinem Gerät musste der Apfelpflücker noch jeden einzelnen Apfel selbst pflücken, wenn es auch schnell ging. Aber das war nichts gegen dieses Ungetüm von einer Maschine, die jetzt gegen Samuels Erfindung antrat. Diese Maschine machte nämlich fast alles alleine. Wurde die Maschine vor einem Baum abgestellt, musste nur ein Knopf betätigt werden und schon summte sie vor sich hin und sammelte alle Äpfel auf dem Baum ein. Und beim nächsten Baum war es genauso.

Es dauerte nicht lange, da musste Samuel einsehen, dass seine Erfindung ein ähnliches Schicksal erfuhr wie vor ihm die vielen Apfelpflücker. Seit den Tagen der großen Erfindungen in der Apfelpflückerei muss kein Mensch auf Pommerelle für die leckeren Äpfel seinen Rücken krumm machen. Das erledigen jetzt Maschinen. Allerdings müssen seit diesen Tagen alle sehr erfinderisch darin sein, neue Arbeit zu finden. Und das ist bis heute eine sehr schwierige Sache geblieben.

Auf einen Menschen, der in Pommerelle Maschinen erfindet, die nur Äpfel pflückt und verarbeitet, den Pommerelles aber die Arbeit nicht wegnimmt, warten sie bis heute.

Was bin ich?

Besonders kleinere Kinder setzen dieses altbekannte Spiel mit Begeisterung um. Vielleicht kennen manche Berufe, die den anderen unbekannt sind, weil sie kein Erwachsener in ihrem Umfeld ausübt.

Alter: ab 4 Jahren

Die Kinder sitzen im Kreis.
Jedes Kind überlegt sich alleine oder mit Hilfe der Spielleitung einen Beruf, den es mit typischen Körperbewegungen darstellen möchte. Die typische Handbewegung eines Feuerwehrmannes ist z. B. einen Wasserschlauch zu halten. Eine Verkäuferin tippt die Preise der Waren in eine Kasse und eine Sekretärin schreibt an einem PC.
Das mutigste Kind stellt als erstes in der Kreismitte einen Beruf dar.
Die anderen Kindern raten, um welchen Beruf es sich handelt.
Dabei dürfen sie auch Fragen stellen, die das Kind mit „ja" oder „nein" beantwortet, ohne sich dabei zu verraten.
Wer richtig geraten hat, darf als nächster einen Beruf darstellen.

Berufe-Domino

Bei diesem Spiel lernen die Kinder verschiedene Berufe spielerisch kennen.

Material: 1 DIN A 3 Bogen Pappe, Schere, Klebstoff, Buntstifte
Alter: ab 4 Jahren (unter Anleitung)
Anzahl: 2 – 6 SpielerInnen

Domino-Karten
Die Pappe in 32 längliche Karten gleicher Größe schneiden.
Jede Karte quer in zwei gleiche Felder unterteilen.
● Von 14 Karten 7 Karten in doppelter Ausführung anfertigen:
Auf eines der beiden Felder eine Person in typischer Berufskleidung malen. Das kann

z. B. ein Feuerwehrmann, ein Bäcker, eine Ärztin, ein Fischer, eine Fernsehreporterin, eine Lehrerin oder ein Schuhverkäufer sein.

In das andere Feld einen zu dem jeweiligen Beruf passenden Gegenstand malen. Für den Feuerwehrmann ist das z. B. ein Wasserschlauch, für den Bäcker Brot, für die Ärztin ein Stethoskop, für den Fischer eine Angel, für die Reporterin ein Mikrophon, für die Lehrerin eine Tafel und für den Schuhverkäufer ein Schuh.

- Von 14 weiteren Karten jeweils 7 in doppelter Ausführung anfertigen.

  Jetzt aber die Gegenstände und die passenden Personen nicht gemeinsam auf eine Karte malen, sondern auf unterschiedliche Karten. Auf einer Karte kann also in einem der beiden Felder ein Bäcker zu sehen sein und im anderen Feld ein Feuerwehrschlauch.

- Auf die übrigen 4 Karten einen Joker malen. Das kann ein Stern sein, ein Clown oder ein anderes Symbol.

Fertig ist das Berufe-Domino!

Spielregeln

Alle 32 Karten mischen und auf einen Stapel in die Mitte legen.

Das erste Kind zieht eine Karte und legt sie auf eine freie Fläche (z. B. Tisch oder Fußboden).

Das nächste Kind zieht eine Karte und schaut, ob es diese an ein Feld der ersten Karte anlegen kann.

Das ist dann möglich, wenn auf einem Feld entweder dieselbe Person abgebildet ist oder derselbe Gegenstand oder der abgebildete Gegenstand zur Person passt.

Eine Jokerkarte kann an jedes Feld angelegt werden.

Nacheinander ziehen die Kinder Karten und versuchen, diese auf der freien Fläche zusammenzulegen.

Passt eine Karte nirgendwo hin, hebt das Kind diese bis zur nächsten Runde auf und versucht es dann noch einmal.

Wenn ich einmal groß bin ...

Jedes Kind weiß, dass die Erwachsenen arbeiten müssen, um ihren Lebensunterhalt zu verdienen. Kinder beginnen schon recht früh, in Nachahmung der Erwachsenen, sich eine Vorstellung davon zu machen, wie ihre Arbeit später aussehen wird, wenn sie selbst einmal groß sind und selber entscheiden dürfen.

Material: Papier, Buntstifte oder Wasserfarben; evtl. alte Zeitschriften, Schere, Klebestift
Alter: ab 5 Jahren

Die Kinder malen ein Bild davon, was sie später einmal werden möchten und wie sie sich selbst bei ihrer späteren Arbeit sehen.

In einer Gesprächsrunde stellt jedes Kind sein Bild vor und erzählt den anderen, warum es gerade den gewählten Beruf besonders reizvoll findet – aber nur wer will, niemand sollte gezwungen werden!

Collage

Aus alten Zeitschriften lassen sich mit Hilfe von Schere und Klebestift ebenso schöne Collagen kleben.

Befragung

Interessant ist es auch, Erwachsene zu fragen, was sie als Kinder einmal werden wollten.

- Hat sich die Meinung der Erwachsenen im Laufe ihres Lebens verändert oder haben sie wirklich den Beruf erlernt, den sie schon als Kinder toll fanden?
- Wann haben sie sich für den Beruf entschieden, den sie nun ausüben?

Einen Tag mit Papa oder Mama bei der Arbeit

Viele Kinder wissen oftmals gar nicht, wo ihre Eltern den ganzen Tag zum Arbeiten hingehen und was sie dort machen. In Absprache mit den Eltern und deren Arbeitgeber ist es sicher möglich, sie einmal einen Tag zu begleiten. Die Projektleitung sollte jedoch auf eventuelle Schwierigkeiten der Thematik vorbereitet sein. So kann es Eltern geben, die arbeitslos sind oder manche, die weniger angesehene Arbeiten verrichten als andere Eltern. Sollte ein Kind aus irgendwelchen Gründen die Eltern nicht zur Arbeit begleiten können, kann es auch andere Erwachsene, die es gut kennt, fragen! Natürlich muss das Kind nicht den ganzen Tag in einem Büro, einer Fabrik oder einem Geschäft verbringen. Eine Stunde reicht manchmal schon aus, um einen Eindruck von der jeweiligen Arbeit zu bekommen.

Material: evtl. Notizblock, Stift, Wandtafel
Alter: ab 6 Jahren (mit Variante ab 8 Jahren)

An einem vereinbarten Tag geht jedes Kind mit einem Elternteil zur Arbeit. Es beobachtet so viel wie möglich. Am nächsten Tag berichtet es den anderen, was es erlebt hat.

Diskussionsanregung

Eine Gesprächsrunde rundet das Projekt ab. Folgende Fragen können hierfür hilfreich sein:
- Wann beginnt der Arbeitstag und wann hört er auf?
- Wie sieht ein solcher Arbeitstag aus?
- Arbeiten dort noch andere Menschen?
- Verrichten sie dieselbe Arbeit?
- Gibt es einen Chef oder ist der Vater oder die Mutter selber Chef bzw. Chefin?
- Wie sind die Eltern zu dieser Arbeit gekommen?
- Macht den Eltern die Arbeit Spaß oder träumen sie von einem anderen Beruf?

In dem Gespräch sollte auch angesprochen werden, warum manche Berufe von der Gesellschaft bewundert werden und es Arbeiten gibt, die keiner machen möchte und die obendrein noch schlecht bezahlt werden. Hier ist ein besonders sensibler Umgang mit dem Thema gefragt!

Variante für Kinder ab 8 Jahren

Schon während des Besuches bei der Arbeitsstätte der Eltern schreiben die Kinder stichpunktartig auf, was ihnen alles auffällt. An der Wandtafel können dann die verschiedenen Aspekte zusammengetragen werden.

Wirtschafts-Quiz

Bei der Heranführung an wirtschaftliche Themen und Fragestellungen entwickeln Kinder ihre eigenen Sichtweisen und Fragen. Dieses Spiel soll ihnen ermöglichen, Probleme, offene Fragen und Meinungen gemeinsam in der Gruppe zu diskutieren. Jedes Kind hat die Möglichkeit, anonym eine Meinung oder Frage auf einen Zettel zu schreiben und in die Quizbox zu werfen. Darüber hinaus kann auch die Spielleitung einige Fragen zum Thema Wirtschaft vorbereiten und ebenfalls in die Quizbox geben.

Material: 1 Schuhkarton mit Deckel, Zettel, Schreibzeug, Ball
Alter: ab 8 Jahren

Der Schuhkarton ist die Quizbox, die die Kinder anmalen und dekorieren können.
Die Spielleitung teilt an jedes Kind einen Zettel aus.
Auf den Zettel schreiben die Kinder jeweils eine Frage oder eine Sichtweise zum Thema Wirtschaft, z. B. „Warum sind nicht alle Menschen reich?" oder „Warum haben die Menschen das Geld erfunden?"

Die Kinder falten ihre Zettel und geben sie in die Box.
Die Kinder bilden einen Sitzkreis, in dessen Mitte sie die Quizbox stellen.
Die Spielleitung wirft einem Kind den Ball zu.
Dieses Kind zieht einen beliebigen Zettel aus der Quizbox und liest vor, was darauf steht.
Jetzt sind alle Kinder gefragt. Jeder kann seine Meinung äußern oder die gestellte Frage beantworten.
Schön ist es, wenn aus dieser Situation eine lebhafte Diskussion entsteht.
Äußert sich niemand mehr, wirft das Kind einem anderen den Ball zu.
Dieses darf den nächsten Zettel ziehen.
Wird eine Frage nicht beantwortet oder diskutiert, kommt sie zurück in die Quizbox, bis jemand sie wieder zieht.
Das Spiel ist dann zu Ende, wenn alle Zettel aus der Quizbox vorgelesen worden sind.

Rate-Quiz-Variante

Hier einige Quizfragen als Anregung
● Was haben die Menschen vor der Erfindung des Geldes gemacht?
● Mit was haben die Menschen auf der Insel Yap bezahlt?
● Wo gab es das erste Münzgeld?
● Woher kommt der Ausdruck: „Ich bin doch nicht Krösus!"
● Aus welchem Material waren die Geldscheine der Chinesen?
● Wie hoch sind die Materialkosten einer Banknote?
● Wie hießen die ersten Kaufleute?
● Wo lag das Purpurland?
● Nenne drei Dinge, die wir ohne frühe Handelskontakte niemals kennen würden.
● Was ist der Nachteil einer freien Marktwirtschaft?
● Wer war Adam Smith?
● Was ist der Unterschied zwischen freier und sozialer Marktwirtschaft?

Ohne Geld kein Glück?

In der Wirtschaft dreht sich alles im Kreis. Die einen produzieren, die anderen verbrauchen die Produkte wieder. Dafür geben sie den Produzenten Geld. Mit dem Geld fangen die Produzenten wieder an zu produzieren. Die meisten Menschen müssen arbeiten gehen, sie leihen einem Arbeitgeber ihre Arbeitskraft für einen bestimmten Zeitraum und erhalten dafür Lohn. Mit diesem Lohn können sie ihre Miete, ihre Kleider, ihre Nahrungsmittel und anderes mehr kaufen. Sie ruhen sich eine Weile aus und am nächsten Tag fahren sie wieder zur Arbeit. Und so geht das tagein, tagaus immer im Kreis herum. Wirtschaftliches Handeln ist nichts anderes, als den Tausch von Waren gegen Geld und von Geld gegen Waren zu organisieren. Und mit Angebot und Nachfrage, dem Geld, dem Markt, den Waren, den Unternehmern, den Beschäftigten, dem Kapital und noch anderem bemüht sie sich um ein Gleichgewicht, einen Ausgleich.

Warum aber arbeiten die Menschen überhaupt? Weil sie sich so gern im Kreis drehen?

Oder steckt doch noch mehr dahinter? Brauchen die Menschen nur eine Beschäftigung, damit ihnen nicht langweilig wird?

Die Antwort darauf lautet: Menschen haben viele Bedürfnisse. Und zwar alle Menschen. Nur, reicht die Befriedigung der Bedürfnisse den Menschen eigentlich aus? Warum überhaupt so viel arbeiten? Könnten sie sich nicht damit zufrieden geben, den Tag ruhig anzufangen? Z. B. morgens erst aufstehen, wenn sie Lust dazu haben? Beim ersten Hunger, eine Kleinigkeit frühstücken. Wenn das Wetter schön ist, gehen sie spazieren, treffen Leute, gehen vielleicht an den See zum Baden. Die Tage vergehen wie im Fluge, weil die Menschen jede Anstrengung vermeiden oder sie jedenfalls dann abbrechen, wenn sie müde sind.

Zu allen Zeiten haben sich die Menschen darüber ernsthafte Gedanken gemacht, wie sie ihr Leben angenehmer gestalten könnten. Vielleicht sind die Menschen doch zu unterschiedlich oder zu kompliziert, um so ein einfaches, angenehmes Leben haben zu können. Aber hinter diesen Idealvorstellungen steckt ein Wunsch. Ein Wunsch, den fast jeder Mensch sein Leben lang aufrecht erhält. Der Wunsch glücklich zu sein. Und ob jemand glücklich ist oder werden kann, hängt von sehr viel ab. Darauf gibt wahrscheinlich jeder Mensch eine andere Antwort. Dem einen reicht ein Brötchen, die nächste will auch noch Schokocreme drauf haben und der dritte hätte ganz gerne noch ein Glas Orangensaft dazu. Puh, Menschen sind so kompliziert.

Aber kann wirtschaftliches Handeln und können wirtschaftliche Beziehungen denn die Menschen glücklich machen? Wohl eher nicht. Glück und Wirtschaft sind doch etwas sehr Unterschiedliches. Wir kennen ja die Geschichten von den Menschen, die reich, aber unglücklich sind. „Geld allein macht nicht glücklich, aber es beruhigt", sagt ein altes Sprichwort. Manche Dinge gibt es selbst in der besten Wirtschaft nicht. Doch ganz so schnell können wir die Sache nicht ruhen lassen. Denn die Wirtschaft kann viel dazu beitragen, dass einiges unverwirklicht bleibt. Sie sucht einen Ausgleich zwischen Ware und Geld, oft gelingt das aber nicht. Es entstehen ungleiche Verhältnisse. Und weil die Wirtschaft sich durchaus bemüht, ausgeglichene Verhältnisse herzustellen, empfinden die Menschen die Ungleichheit schnell als Ungerechtigkeit. Vielleicht wird das durch ein Beispiel verständlicher.

Fairer Handel

Ein großer Teil der Dinge, die wir in Europa konsumieren, stammt aus Asien, Afrika und Lateinamerika. Viele unserer Nahrungsmittel werden dort angebaut und viele Waren werden in den dortigen Fabriken produziert. Die eigentlichen Produzenten verdienen aber nur sehr gering daran. Sie bekommen in der Regel nur einen minimalen Anteil des Endpreises der Waren, von dem sie, trotz der überaus harten Arbeit, die sie leisten, kaum ihren Lebensunterhalt und den ihrer Familien bestreiten können. Diejenigen, die den großen Gewinn dabei machen, sind die Zwischenhändler, die Großkonzerne und die Börsen. Und die bestimmen auch den internationalen Handel.

Woher unsere Nahrungsmittel, unsere Kleidungsstücke und unser Spielzeug kommen und unter welchen Arbeitsbedingungen Menschen diese Dinge hergestellt haben und verkaufen, ist den Waren leider nicht immer anzusehen. Wenn wir die Wahl haben, ein und dieselbe Ware zu unterschiedlichen Preisen zu kaufen, entscheiden wir uns möglicherweise eher für die billigere Variante. Oftmals sind aber diese Waren deshalb so billig, weil die eigentlichen Produzenten extrem wenig dafür bekommen und die Waren unter miserablen Arbeitsbedingungen hergestellt werden. Auch wenn wir es nicht gerne hören und lieber gar nicht so genau wissen wollen, so werden doch viele unserer „Schnäppchen" durch Kinderarbeit oder Zwangsarbeit in sog. Dritte-Welt-Ländern hergestellt.

Einige der Waren, mit denen Zwischenhändler und Großkonzerne enormen Gewinn erzielen, sind typische Produkte der Kolonialzeit. Dazu gehören Schokolade, Tee und v. a. auch Kaffee. Früher ließen Kolonialherren den Kaffee in den von ihnen besetzten Gebieten anbauen und brachten ihn nach Europa. War Kaffee damals noch ein seltenes Luxusgetränk, so ist er inzwischen v. a. in den USA und in Deutschland zum meistgetrunkenen Getränk geworden. Kaffee kommt aber weder aus Deutschland noch aus Nordamerika, weil es hier und dort viel zu kalt für den Anbau von Kaffeepflanzen ist. Also sind Deutschland und die USA darauf angewiesen, ihren Kaffee aus vorwiegend lateinamerikanischen Ländern zu beziehen. Die Kaffee produzierenden Länder sind wiederum von dem Erlös abhängig, den sie mit dem Kaffee erwirtschaften. Von diesem Geld können sie nämlich Dinge kaufen, die in ihren Ländern nicht hergestellt werden. Das sind v. a. Maschinen, die sie für ihre Fabriken benötigen, und andere technische Geräte. Die weltweite Nachfrage nach Kaffee führt dazu, dass die Kaffee produzierenden Länder immer mehr davon anbauten und ein regelrechter Überschuss an Kaffee entstand. Dieser Überschuss hatte wiederum zur Folge, dass der Kaffee immer billiger wurde und die Produzenten immer weniger daran verdienten. Zudem bauten diese Länder viel weniger von anderen wichtigen Nahrungsmitteln an, die sie selbst benötigten. Auf diese Weise machten die Kaffee produzierenden Länder doppelten Verlust mit dem Kaffeegeschäft.

Ein anderes Problem ist die Kinderarbeit. Bislang wurden z. B. Fußbälle ausschließlich in Pakistan von Kindern genäht. Es ist bekannt, dass ihre Arbeitsbedingungen sehr schlecht sind. Weil das Geld, das ihre Eltern verdienen, nicht zum Lebensunterhalt für die ganze Familie reicht, müssen die Kinder hinzuverdienen. Die Hauptursache von Kinderarbeit ist die Armut ihrer Eltern.

Viele der Länder, aus denen unsere Produkte stammen, fordern schon seit längerem fairere Handelsbeziehungen. Berechtigterweise wünschen sich die Menschen dort, dass langfristige Handelsbeziehungen entstehen, Zwischenhändler ausgeschlossen werden und all diejenigen Menschen, die an der Produktion beteiligt sind, mehr verdienen. Auch hierzulande setzen sich mittlerweile einige Organisationen für eine Form des Handels ein, die auf Partnerschaft und nicht nur auf Profit und Ausbeutung beruht. Einige dieser Gruppen haben Läden gegründet, in denen Lebensmittel, Gebrauchs- und Kunstgegenstände aus fairem Handel verkauft werden. Hierzu gehören die Weltläden, von denen es mittlerweile etwa 800 in Deutschland gibt. Auch in Supermärkten werden inzwischen fair gehandelte Lebensmittel angeboten. Erkennen können wir solche Waren an dem TransFair-Siegel. Die Firmen, deren Produkte dieses Siegel erhalten, müssen sich an strenge Regeln halten und werden ständigen Kontrollen unterzogen. Der Erlös der verkauften Waren wird direkt an die Produzenten gezahlt. Manchmal kosten diese Waren etwas mehr Geld, weil der Preis einen Aufschlag enthält, der besonderen Initiativen zugute kommt, um bessere Lebens- und Arbeitsbedingungen für die Produzentenfamilien zu schaffen. Eine Tasse von fair gehandeltem Kaffee kostet aber nicht einmal 2 Cent mehr als herkömmlicher Kaffee. Dafür erhalten die Kleinbauern einen gerechten Preis, der über dem Weltmarktpreis liegt. Viele Weltläden verkaufen jetzt auch Fußbälle aus fairem Handel. „Fair play – fair pay" heißt die Aktion, die sich gegen die ausbeuterische Kinderarbeit in den pakistanischen Nähwerkstätten einsetzt.

Alle Produzenten von fair gehandelten Produkten erhalten einen guten Preis und sind nicht mehr darauf angewiesen, von der Hand in den Mund zu leben. Langfristig sind die Eltern der Familien finanziell besser abgesichert und ihre Kinder müssen nicht mehr hinzuverdienen. Schulausbildung und Kindergärten können bezahlt werden.

Mit unserer Bereitschaft, Waren aus fairem Handel, und unserer Weigerung, solche zu kaufen, die in ausbeuterischen Arbeitsverhältnissen hergestellt wurden, tragen wir dazu bei, dass immer mehr Druck auf Regierungen und Großkonzerne ausgeübt wird und ein für alle Beteiligten vorteilhafter Wirtschaftsaustausch entsteht. Wir können uns vor dem Kauf darüber informieren, wo und wie die Ware hergestellt wurde. Wünschenswert ist auch, dass die Herstellung unserer Waren die Natur nicht unnötig belastet. Vielleicht können wir zukünftig unsere Waren gezielter aussuchen und genügsamer im Konsum sein.

Wer Informationen benötigt, wendet sich am besten an die Weltläden. Viele Weltläden informieren gerne Schulklassen und Kindergärten über ihre Arbeit und bieten darüber hinaus regelmäßige Kinderprojekte an.

Gäbe es von allen Dingen, die wir brauchen oder wünschen, genug, oder wäre es für jeden leicht, solche Dinge herzustellen, wären wir von der Verantwortung, die wir beim Kaufen von Waren tragen, befreit. Wir lebten wie im Schlaraffenland. Doch es ist nicht zu bestreiten, die meisten Menschen müssen jeden Tag lange arbeiten und sind oft müde von der Anstrengung, damit sie wenigsten die wichtigsten Produkte kaufen können. Die Erfahrung der Menschen ist das genaue Gegenteil, die meisten Dinge sind knapp. Doch nützt es nichts, sich davon entmutigen zu lassen oder auf die Wirtschaft zu schimpfen. Das einzige, was in wirtschaftlichen Beziehungen zählt, ist der Preis. Über den Preis wird klar, ob etwas knapp ist oder nicht.

Natürlich verfügen gerade die Kinder über keinen großen Einfluss auf die Wirtschaft, weil sie an der Produktion der Waren noch nicht teilnehmen. Aber da in Europa und Amerika schon Kinder über sehr viel Geld verfügen, das sie selbstständig für Kleidung, Musik, Spiel und Spaß ausgeben, können sie durchaus einen Einfluss darauf nehmen, für was und wen sie ihr Geld ausgeben. Und wenn auch keine Wunder passieren, eines ist sicher: Was keiner haben will, das wird auch nicht lang produziert.

Woher kommt das?

Die meisten Dinge unseres alltäglichen Lebens sowie die meisten unserer Lebensmittel haben ihren Ursprung in anderen Ländern. Wir wollen wissen, woher was kommt!

Material: Weltkarte (z. B. als Poster, evtl. Kopie einer Weltkarte), große Pappe, Papier, Schere, Klebstoff, Buntstifte, Nachschlagwerke; evtl. Notizblock, Stift
Alter: ab 6 Jahren (mit Variante für Kinder ab 8 Jahren)

Die Spielleitung klebt die Weltkarte auf entsprechend große Pappe und hängt sie mit Hilfe der Kinder an die Wand.
Jedes Kind malt auf Papier einzelne Früchte (Bananen, Ananas, Orangen), Gemüse und andere Nahrungsmittel (z. B. Kaffee, Kakao, Tee, Lachs) oder einen Rohstoff (z. B. Gold, Öl, Seide, Baumwolle, Merinowolle, Teakholz, Rattan).
Die Kinder schneiden ihre Früchte etc. aus.
In einer Gesprächsrunde bespricht die Gruppe gemeinsam, woher die jeweiligen Güter stammen.
Falls allen TeilnehmerInnen die Herkunft eines Produktes unbekannt ist, schaut die Gruppenleitung diesen Begriff in einem Lexikon nach und liest den Text vor.
Die Kinder kleben die ausgeschnittenen Lebensmittel auf die Weltkarte gemäß ihrer Herkunft.
Die Dinge, für die mehrere Herkunftsländer in Frage kommen, kleben sie entsprechend mehrfach auf.

Variante für Kinder ab 8 Jahren

Beim nächsten Einkauf auf dem Markt oder im Supermarkt sammeln die Kinder Informationen über die Herkunftsländer von Gemüse, Früchten und anderen Lebensmitteln, schreiben diese auf und berichten in einer Gesprächsrunde darüber.

Verarbeitung der Rohstoffe

Die Kinder überlegen, wie und wo die verschiedenen Rohstoffe, deren Herkunftsländer sie bereits kennen, weiterverarbeitet werden.

Material: Schreibzeug, Papier
Alter: ab 8 Jahren

Wo werden aus Baumwolle T-Shirts genäht und wo werden aus Teakholz Möbel hergestellt? Aufschluss darüber gibt es bei einem gemeinsamen Ausflug in eine Bibliothek oder in einen Weltladen! Alle Weltläden verfügen über zahlreiche Materialien zu dieser Thematik und bieten jederzeit ihre Unterstützung für Schulklassen und Interessierte an. So können Kinder etwas über die Arbeitsbedingungen derjenigen Menschen erfahren, die unsere Alltagsgegenstände herstellen. Die Kinder schreiben alles Wissenswerte auf und sprechen später gemeinsam darüber.

Produktions-Parcours

Kaffeeanbau

Die Ware, die wir im Supermarkt kaufen, hat nicht nur eine weite Reise hinter sich gebracht, es waren auch viele verschiedene Produktionsschritte nötig, um sie zu dem zu machen, was sie ist. Um die einzelnen Produktionsschritte nachvollziehen zu können, empfiehlt sich die Erstellung eines Parcours.

Material: Erde, Kaffeesamen, Kaffeebohnen, Waage, Kaffeemühle, Kaffeepulver, 1 Paket Kaffee, Dampfer, Eisenbahn, Münzen, Kasse, 1 Tasse
Alter: ab 8 Jahren

Die Kinder sammeln Informationen über die verschiedenen Waren und ihre Produktionsprozesse. Sie können in Büchereien und im Internet nachforschen, aber auch die Händler und Hersteller befragen. Auch die Weltläden helfen gerne dabei mit, die nötigen Informationen über die Waren zu sammeln.

Kaffeeproduktion

- Säen
- Aufziehen der Kaffeepflanzen
- Ernte der Bohnen
- Rösten der Bohnen
- Abwiegen
- Verpacken
- Versand
- Transport
- Mahlen
- Verkauf
- Kochen
- Trinken

Jeder Produktionsschritt wird in einer kleinen Ausstellung symbolisch dargestellt. Für das Beispiel Kaffee eignet sich ein Stück Erde mit Pflanzen für die Saat und Aufzucht, Kaffeebohnen für die Ernte, eine Kaffeemühle oder Kaffeepulver für das Mahlen, ein Paket für den Versand, Dampfer und Eisenbahn für den Transport, Münzen für den Verkauf etc. und eine Tasse für den Genuss am Schluss.

Verschiedene Produktionswege

Dieser Parcours lässt sich mit vielen anderen Produktionswegen erstellen, z. B. wie aus Kakaobohnen eine Tafel Schokolade wird, aus der Kokosnuss eine Körperlotion, aus einem Baumwollknäuel eine Jeans.

Pantomime

Die Kinder teilen sich untereinander auf und stellen jeden einzelnen Produktionsprozess der Reihe nach pantomimisch dar.

Verzicht

Auf etwas zu verzichten, fällt uns oft sehr schwer.
Verzicht zu üben ist Bestandteil vieler Kulturen. Im muslimischen
Fastenmonat Ramadan verzichten die Menschen auf das Essen
und Trinken in der Zeit von Sonnenaufgang bis Sonnenuntergang.
In der Fastenzeit vor Ostern entsagen gläubige Christen jeglicher
Genussmittel. Sinn solcher Zeiten, in denen die Menschen
freiwillig auf etwas Bestimmtes verzichten, ist, den eigentlichen
Wert einer Sache, die inzwischen selbstverständlich für uns
geworden ist, wieder schätzen zu lernen.

Heute werde ich einmal verzichten

Die Kinder verabreden ein Datum, an dem sie gemeinsam auf etwas Bestimmtes verzichten. Die Übung eignet sich erst für Kinder ab 7 Jahren, da kleineren Kindern das bewusste Verzichten noch viel zu schwer fällt.

Material: Papier, Schreibzeug
Alter: ab 7 Jahren

In einem Gesprächskreis wird mit den Kindern über das Thema Verzicht ausführlich geredet. Die Kinder besprechen gemeinsam, auf was sie einmal einen Tag lang verzichten wollen. Sie beschließen, ob sie das zu Hause oder in der Schule bzw. im Kindergarten tun wollen.

Beispiel Stromverzicht
Die Kinder verzichten einen ganzen Tag lang auf elektrischen Strom. Das bedeutet, dass sie keinen Lichtschalter benutzen, sondern Kerzen anzünden, um Licht zu haben, wenn es dunkel wird. Ein warmes Essen, mit dem Elektroherd oder in der Mikrowelle gekocht, muss an einem stromfreien Tag zugunsten eines Butterbrots oder eines Salats ausfallen. Es gibt kein Fernsehen, kein Radio und keinen Computer an diesem Tag!
Wenn die Eltern an diesem Experiment nach ihren Möglichkeiten mitmachen, kann es ein Tag voller Überraschungen und neuer Ideen werden.

Diskussionsanregung
In einer gemeinsamen Diskussionsrunde berichten die Kinder über ihre Erfahrungen.
- Fiel ihnen der Verzicht leicht oder schwer?
- Was haben sie am meisten vermisst?
- Haben sich Gewohnheiten geändert? Sind sie z. B. an einem stromfreien Tag früher schlafen gegangen oder hat sich die Familie am Abend Geschichten erzählt, weil der Fernseher aus war?

Platzmangel

Egal in welcher Armut und Knappheit manche Kinder aufwachsen – wenn sie noch klein sind, empfinden sie den Mangel nicht. Das bekannte Spiel „Reise nach Jerusalem" eignet sich besonders gut, sehr kleinen Kindern das Gefühl von Mangel und Knappheit spielerisch zu veranschaulichen.

Material: Kissen oder Stühle, Musik
Alter: ab 3 Jahren

In der Mitte des Raumes stellen die Kinder die Stühle in eine Reihe hintereinander, so dass sie genug Platz haben, um außen herum zu laufen. Die Menge der Stühle richtet sich nach der Anzahl der Kinder. Es sollte ein Stuhl weniger vorhanden sein, als Kinder mitmachen.
Die Spielleitung schaltet die Musik an.
Die Kinder tanzen im Kreis um die Stühle herum.
Die Spielleitung schaltet die Musik aus.
Jedes Kind sucht sich schnell einen Stuhl, auf den es sich setzen kann.
Ein Kind wird keinen Stuhl finden und scheidet für diese Runde aus.
Für die nächste Runde entfernt die Spielleitung einen weiteren Stuhl.
In jeder Runde scheidet das Kind ohne Stuhl aus.
Für jede weitere Runde entwendet die Spielleitung einen Stuhl.
In der letzten Runde tanzen zwei Kinder um einen einzigen Stuhl herum.

Das wünsche ich mir

Wünsche haben wir alle. Hier gibt es Gelegenheit, sie einmal auszudrücken.

Material: große Pappe, alte Zeitschriften, Schere, Klebestift
Alter: ab 5 Jahren

Jedes Kind schneidet aus alten Zeitschriften das aus, was es sich für sich selbst, seine Familie und seine Freunde wünscht und klebt daraus auf Pappe eine Collage. Dabei können nicht nur Gegenstände ausgeschnitten werden, sondern auch Symbole für Freizeit, Gesundheit, Urlaub u. Ä.
Eine daran anschließende Gesprächsrunde und Diskussion ist empfehlenswert. Einige Kinder werden sich Dinge wünschen, deren Nichtvorhandensein sie in unserer Gesellschaft als besonderen Mangel erleben, z. B. mehr Zeit der Eltern, Frieden und Gerechtigkeit. Die Kinder erkennen die unterschiedlichen Besitzverhältnisse der Eltern, wenn sich einige der Kinder Gegenstände wünschen, die andere wiederum ganz selbstverständlich besitzen.
Eine behutsame und einfühlsame Herangehensweise an die Thematik ist daher Voraussetzung.

Diskussionsanregung
- Welche Dinge benötigen wir wirklich?
- Auf was können wir ohne Weiteres verzichten?
- Könnten wir uns alle Wünsche erfüllen, wenn wir unbegrenzt viel Geld besäßen?
- Gibt es auch Besitz, der nicht zu kaufen ist (z. B. Gesundheit, Freunde und gute Laune)?

Glück

Glück bedeutet tiefe, innere Zufriedenheit. Unter Glück verstehen wir aber auch das zufällige Zusammentreffen günstiger Umstände. Zu vielen verschiedenen Gelegenheiten wünschen sich die Menschen gegenseitig Glück. Vor einer bevorstehenden Prüfung sagen wir zu jemandem: „Viel Glück!" und zum Geburtstag schicken wir einen „Herzlichen Glückwunsch!". Glück bedeutet für die meisten von uns Gesundheit, Freunde, Zufriedenheit und natürlich auch eine ausreichende Menge an Geld. Ob wir Glück haben oder nicht, können wir nicht immer selber beeinflussen.

Glücksbräuche

In der Hoffnung, doch ein wenig Einfluss auf das Schicksal nehmen zu können, kennen die Menschen überall auf der Welt Glücksbräuche.

Material: große Pappe, Filzstifte
Alter: ab 6 Jahren

Die Gruppenleitung schreibt alle Glück bringenden Bräuche oder Verhaltensweisen, die den Kindern einfallen, auf eine große Pappe.
Wer möchte, kann zu jedem Brauch ein kleines Bild malen.

Brauchtum

- Wer in eine neue Wohnung einzieht, sollte als erstes Brot und Salz dort hineintragen, damit er immer genug zu essen haben wird.
- Ein vierblättriges Kleeblatt findet man so selten wie das Glück. Zum Glücksbringer wird ein vierblättriges Kleeblatt erst dann, wenn der Finder es verschenkt.
- Siehst du Schafe zur Linken, wird das Glück dir winken!

- In China schenken sich die Menschen an Neujahr zwei Mandarinen, an denen noch Blätter sind. Das soll Glück für das kommende Jahr bringen.
- In Indien gilt der Elefant als Glückssymbol. Wir kennen das Glücksschwein.

- Kleine japanische Jungen erhalten am nationalen Kinderfest Lilien als Glücksbringer im Badewasser.
- Am Ende des Fastenmonats Ramadan verschicken Muslime Glückwunschkarten.
- Für die Buddhisten gelten lächelnde, dickbäuchige Buddhafiguren als Glücksbringer und Symbol für Gesundheit und Wohlstand.

Glücksbringer

- Scherben bringen Glück
- Ein Kuss unter dem Mistelzweig an Weihnachten
- Daumen drücken
- Über die Schulter spucken
- Ausgefallene Milchzähne unter dem Kopfkissen aufbewahren
- Einen Schornsteinfeger berühren
- Dreimal auf Holz klopfen

Variante

Die Kinder probieren ein paar dieser Bräuche aus und erzählen von ihren Erfahrungen damit.

Glückskekse

Ein chinesischer Brauch am Neujahrsfest ist, Glückskekse zu verteilen. Wer in einen solchen Glückskeks beißt, findet im Inneren des Kekses auf einem kleinen Zettel eine Botschaft über das Glück im nächsten Jahr.

Zutaten für ca. 20 Kekse: 500 g Weizenmehl, 1 Hefewürfel (40 g), 1 Päckchen Vanillezucker, 80 g Zucker, 1 Pr Salz, 80 g Butter, 2 Eier, lauwarme Milch, Fett (zum Frittieren), Puderzucker
Material: große Schüssel, Pfanne oder Friteuse, 20 kleine Zettel, Schreibzeug

Kekse backen

Mehl in eine große Schüssel geben.
Eine kleine Mulde in das Mehl drücken, Hefewürfel darüber zerbröseln, lauwarme Milch darüber schütten und verrühren.
Mit einem Handtuch zudecken und eine halbe Stunde an einem warmen Ort gehen lassen.
Die restlichen Zutaten dazugeben und zu einem festen Teig verkneten.
Teig ein weiteres Mal für eine halbe Stunde zugedeckt aufgehen lassen.
(Während des Wartens die Zettelchen mit den Glücksbotschaften vorbereiten.)
Teig ausrollen und in 20 Quadrate schneiden.
Fett in der Pfanne erhitzen.
Die Enden der Teigquadrate hochziehen und zusammendrücken.
Die Glückskekse im Fett gold-gelb ausbacken.
Nach kurzem Abkühlen in jeden Keks einen Zettel stecken.
Die Kekse mit Puderzucker bestreuen.

Glücksbotschaften

- Jemand hat eine Überraschung für dich
- Das Glück liegt vor deiner Tür
- Dein Wunsch wird bald in Erfüllung gehen
- Du wirst eine schöne Entdeckung machen

Glücksspiele

Es gibt Spiele, bei denen das Ergebnis allein durch den Zufall bestimmt wird. Solche Spiele heißen daher Glücksspiele. Meistens setzten die Leute hier aber Glück mit Geld gleich. Glücksspiele gab es schon im Altertum. Vor allem in Indien, Ägypten, China und Japan kannten die Menschen Spiele, bei denen sie Geld gewinnen, aber auch verlieren konnten. Dazu zählten Wagenrennen, Wetten, Lotto, Würfel- und Kartenspiele. Die Menschen im Mittelalter dachten übrigens, dass das Fluchen vom Glücksspielen herrühre, und verboten es aus diesem Grunde in den Städten. Heute werden Glücksspiele überall geduldet. Die Glücksspielindustrie ist inzwischen weltweit das umsatzstärkste Geschäft. Das haben auch die Regierungen erkannt und deshalb staatliche Spielcasinos errichten lassen. Ein bekanntes Glücksspiel, das v. a. in den Spielcasinos gespielt wird, ist das Roulette. Erfunden hat es der Philosoph Blaise Pascal.

Roulette

Beim klassischen Roulette wird eine Kugel in einem Apparat mit einer Scheibe aus schwarzen und roten nummerierten Feldern gedreht. Sie entscheidet über den jeweiligen Gewinn. Bei unserem Roulette wird ein alter Schlüssel auf einem Spielbrett gedreht. Und gespielt wird natürlich nur um Spielgeld oder alte Münzen.

Material: Pappe, Zirkel, Filzstifte, 1 Schraube, 1 Schlüssel, Münzen oder Spielgeld
Alter: ab 7 Jahren

Spielbrett
Mit dem Zirkel auf der Pappe einen Kreis mit einem Durchmesser von 25 cm aufzeichnen. Das ist das Spielfeld.
Mit einem Filzstift in die Mitte des Feldes einen kleinen Kreis von ca. 20 cm Durchmesser zeichnen.
Sechs Linien zeichnen, die alle durch den Mittelpunkt verlaufen.

In diese 12 Felder der Reihe nach die Zahlen der Uhr schreiben.
In die Mitte die Schraube durch die Pappe bohren.
Den Schlüssel an der Schraube aufhängen und auf dem Spielbrett drehen.

Spielregeln
Alle TeilnehmerInnen beschließen gemeinsam, wie viel Geld jedes Kind erhalten soll.
Die festgelegte Summe Geld wird an die SpielerInnen verteilt.
Die Spielrunde beginnt beim ältesten Kind und verläuft im Uhrzeigersinn.
Das erste Kind darf den Schlüssel schwungvoll drehen.
Auf das Feld, auf dem der Schlüssel zum Stillstand kommt, zahlt es eine selbst gewählte Summe seines Geldes ein. Diese Regel gilt für alle leeren Felder.
Stoppt der Schlüssel auf einem Feld, auf dem zuvor ein anderes Kind bereits Geld eingezahlt hat, darf dieses Geld genommen werden.

Das nächste Kind macht es ebenso, usw.
Wer sein ganzes Vermögen verspielt hat, scheidet aus.
Das Spiel ist zu Ende, wenn die SpielerInnen keine Lust oder kein Geld mehr haben.

Variante mit Jackpott

Um die Spannung zu erhöhen, wird ein Feld zum Jackpott erklärt. Hier dürfen die SpielerInnen nur einzahlen, aber nicht abkassieren. Sie benötigen zwei Würfel, um den Jackpott zu knacken. Ist eine zuvor festgelegte Summe auf dem Jackpottfeld zusammengekommen, dürfen alle SpielerInnen der Reihe nach würfeln. Die Jackpottsumme gibt es für denjenigen, der als erster einen Pasch erwürfelt hat. Auch bislang ausgeschiedene SpielerInnen können sich an der Jackpottrunde beteiligen und auf diese Weise wieder zu Geld gelangen.

Dreidl

Jüdische Kinder spielen traditionell an Hanukkah, dem Lichterfest im Dezember, ein Glücksspiel, bei dem es darum geht, viele Schokomünzen zu gewinnen. In Israel nehmen viele Kinder auch Rosinen, da diese in großer Menge vorhanden sind. Dreidl wird mit einem viereckigen Kreisel gespielt.

Material: 1 kleiner würfelförmiger Bauklotz aus Holz, Papier, Buntstifte, Schere, Klebstoff, 1 dünner Nagel (länger als der Bauklotz), Hammer, Holzlatte, pro Kind 10 Schokomünzen (Spielgeld, Münzgeld oder Rosinen) plus 10 Extramünzen, Topf
Alter: ab 5 Jahren

Kreisel

Auf dem Papier vier kleine Felder aufzeichnen, die etwa der Größe der Seiten des Bauklotzes entsprechen.

In jedes Feld die Anfangsbuchstaben S, H, G und N der hebräischen Wörter „Shin", „Hej", „Gimmel" und „Nun" schreiben.

Felder ausschneiden und auf die vier Seiten des Bauklotzes kleben. Die obere und untere Seite des Klotzes bleibt frei.

Das Bauklötzchen auf die Holzlatte als Unterlage legen.

Mit einem Hammer den Nagel in den Bauklotz schlagen, so dass die Spitze des Nagels auf der unteren Seite des Klotzes herauskommt.

Fertig ist der Kreisel!

Spielregeln

Die Kinder sitzen im Kreis.

Die Spielleitung gibt jedem Kind 10 Schokomünzen.

10 weitere Münzen gibt sie in den Topf.

Ein Kind stellt den Topf in die Kreismitte.

Der Reihe nach dreht jedes Kind den Kreisel.

Kommt der Kreisel zur Ruhe, wird er auf eine Seite fallen.

Die Seite, die nach oben zeigt, bestimmt darüber, wie hoch der Gewinn ist.

Ist ein S für „Schin" (Tu hinein) zu lesen, gibt das Kind die Hälfte seines Besitzes an Schokomünzen in den Topf.

Bei einem H für „Hej" (Halb) darf es die Hälfte aller sich im Topf befindenden Münzen nehmen und behalten.

Zeigt der Kreisel ein G für „Gimmel" (Alles) an, darf es alle Münzen aus dem Topf nehmen.

Bei N für „Nun" (Nichts) geht es leer aus.

SHIN — Tu hinein   GIMMEL — Alles   NUN — Nichts   HEj — Halb

Wie gewonnen, so zerronnen

Es war einmal in einem schönen Land. In einer kleinen und friedlichen Stadt lebten Herr und Frau Ehrlich. Sie waren nicht gerade sehr reich, aber zum Frühstück gab es auch nicht nur Weißbrot. Es ging ihnen eigentlich gut und sie mussten sich keine großen Sorgen um die Zukunft machen. Sie gingen ihren Lieblingsbeschäftigungen nach und genossen das Leben.

Doch eines Tages geschah etwas, das das Leben der Ehrlichs völlig aus der Bahn warf. Herr Ehrlich ging wie jeden Morgen zum Briefkasten und schaute nach, ob Post darin lag. Diesmal war nichts von den üblichen Feriengrüßen der Verwandten im Briefkasten vorzufinden. Nein, nichts dergleichen. Diesmal fand er einen gelben Brief, auf dessen Vorderseite in glänzend roten Buchstaben zu lesen stand: „Sie haben gewonnen!"

Wie konnte Herr Ehrlich da widerstehen? Normalerweise landete diese Art von Briefen immer gleich in der blauen Tonne. Aber diesem GEWINN konnte er nicht widerstehen. So öffnete er den Brief und begann zu lesen. Es überkam ihn ein eigenartiges Gefühl und fast wäre er über seine Frau gestolpert, die schon neugierig hinter ihm stand und sofort wissen wollte, was denn in dem Brief stünde.

„Sehr geehrter Herr Ehrlich, sehr verehrte Frau Ehrlich,

es ist kein Trick, es ist keine Werbung, niemand will sie hinters Licht führen. Ja, es ist wahr. Sie sind ausgewählt worden. Sie haben 100.000 Euro gewonnen.

Ihre Lotterie 13.

P. S. Kommen Sie vorbei und Sie erhalten ihren Gewinnscheck."

Als Herr Ehrlich den Brief gelesen hatte, wollte er ihn schon weglegen. Er fühlte sich hinters Licht geführt. „Lotterie 13. Wer, bitte, soll das denn jetzt wieder sein?", er hoffte, seine Frau würde sich seiner Meinung anschließen. Aber seine Frau stürzte sich begierig auf den gelben Brief. „Was ist?", wandte sie sich ganz aufgeregt an ihren Mann. „Wir haben Geld gewonnen? Ja? Das ist ja großartig. Aber ich sehe schon in deinem Gesicht, wie begeistert du bist." – „Wer weiß schon, was hinter dieser Lotterie 13 steckt. Meinst Du denn, das ist ernst gemeint?" Herr Ehrlich runzelte die Stirn und schaute fragend aus dem Fenster. Das tat er immer, wenn er nicht so recht weiter wusste. Und das war es auch immer, was seine Frau wahnsinnig machte. Wütend stampfte sie mit den Füßen auf den neuen Parkettboden, so dass die Tassen im Schrank klirrten, und hielt ihrem Mann eine Standpauke, die sich gewaschen hatte.

Es blieb ihm nichts anderes übrig, als den Gewinnscheck abzuholen.
Seine Frau wartete bereits zu Hause und war ganz aus dem Häuschen. Sie tanzte vor Begeisterung im Wohnzimmer auf und ab und machte eine Flasche Sekt auf, die sie

vorsorglich schon einmal kalt gestellt hatte. Als ihr Mann leise nach Hause kam, war sie schon sehr erheitert vom Sekt und fiel ihm sofort um den Hals. Er wusste zunächst überhaupt nicht, was er sagen sollte. So hatte er seine Frau schon lange nicht mehr erlebt. „Und? Stimmt's?", rief sie aufgeregt. „Sag mir nicht, dass du das Geld nicht bekommen hast. Zeig her, sonst ..."

Er schaute sie nur an, nickte einmal und begab sich dann sofort in sein Bett. Er wusste, er hatte soeben 100.000 Euro gewonnen. Aber tief in seinem Herzen spürte er, dass sich etwas an seiner gewohnten Umgebung verändert hatte. Er zweifelte sehr, dass es sich dabei um etwas Gutes handelte.

„Was geht mit uns vor?", dachte er bei sich.

Schon am nächsten Tag begannen Herrn Ehrlichs Befürchtungen wahr zu werden. Frau Ehrlich hatte sich stark verändert. Er musste es sich eingestehen. Seine einst schöne und freundliche Frau war hässlich und unfreundlich geworden. Den ganzen Tag machte sie nichts anderes als in Katalogen zu blättern und telefonische Bestellungen aufzugeben. Herr Ehrlich war machtlos dagegen. Die Lotterie 13 hatte von seiner Frau Besitz ergriffen.

Am übernächsten Tag war eine weitere Veränderung eingetreten. Das Haus, in dem die beiden viele glückliche und zufriedene Jahre verbracht hatten, war nicht mehr wiederzuerkennen. Es glich einer Bruchbude. Überall Plunder und Dinge, die wirklich kein Mensch brauchte. Frau Ehrlich schien von dem Spuk überhaupt nichts mitzubekommen. Sie tanzte vor Freude durch die Wohnung und genoss ihren Reichtum. Mit ihrem Mann sprach sie kein Wort mehr. Es schien so, als wären die beiden durch eine Nebelwand getrennt. Jeder lebte nur noch in seiner eigenen Welt.

Am dritten Tag geschah dann ein Unglück. Frau Ehrlich stolperte über einen ihrer unzähligen Kataloge und brach sich ein Bein.

Jetzt hatte Herr Ehrlich die Nase voll. Vielleicht würde noch etwas Schlimmeres passieren. „Genug ist genug. Mir reicht's! Ich werde das Geld zur Lotterie 13 zurückbringen, bevor du dir in deinem Konsumrausch noch den Hals brichst", sagte er streng und verließ mit dem Rest des Geldes das Haus. Zum Glück hatte seine Frau noch nicht so viel davon ausgegeben. Sie flehte ihn an, ihm wenigstens etwas von dem Geld zu lassen. Doch er blieb hart. Er war sich sicher, dass das Geld so schnell wie möglich aus seinem Leben und dem seiner Frau verschwinden musste.

Schnell lief er zum Büro der Lotterie 13, wo er vor ein paar Tagen den Scheck mit dem Gewinn abgeholt hatte. Er klopfte mehrmals an die Tür, doch keiner öffnete. Dann sah er, dass in goldenen Buchstaben etwas an der Tür geschrieben stand. Er las: Alles hat seinen Preis. Ihre Lotterie 13.

Nun begriff er, was passiert war. Schnell schob er das Geld unter der Tür durch und verschwand wieder. Als er nach Hause kam, hatte sich sein Haus wieder in sein altes, *vertrautes Heim zurückverwandelt. An der Tür begrüßte ihn freundlich seine Frau. Nichts erinnerte mehr an ihre schlimme Veränderung. Sie humpelte nur ein bisschen. Der böse Spuk schien vorüber.*

Tags darauf ging er wieder wie gewohnt zum Briefkasten, um nachzuschauen, ob Feriengrüße von Verwandten angekommen waren. Da fand er wieder einen gelben Brief, auf dem in roten Buchstabe geschrieben stand: Sie haben gewonnen!

Ernst betrachtete er den Brief, dann blickte er seine Frau an, die neugierig neben ihm stand. Nahm den Brief, ohne ihn zu öffnen, und warf ihn mitsamt dem anderen Altpapier in die blaue Tonne.

Anhang

Glossar

Adam Smith (1723 – 1790) Der schottische Philosoph und Wirtschaftswissenschaftler Smith interessierte sich v. a. für die Frage, warum manche Staaten reicher als andere sind. Mit seinem Buch „Über den Reichtum der Nationen" wurde er berühmt.

Aktie Eine Aktie ist ein Anteil an einem Unternehmen. Besitzt jemand eine Aktie, so besitzt er einen Anteil an einem Unternehmen. Große Unternehmen benötigen sehr viel Kapital, um Maschinen, Fabrikhallen und Arbeiter bezahlen zu können. Um dieses Kapital zusammenzutragen, verkaufen sie Anteile in Form von Aktien an andere Unternehmen oder an einzelne Leute. Haben mehrere Menschen verschiedene Anteile an einem Unternehmen spricht man von einer Aktiengesellschaft.

Arbeitsmarkt Auf dem Arbeitsmarkt werden Arbeit, Arbeitskräfte und Löhne angeboten. Arbeit wird gegen Lohn getauscht. Angebot und Nachfrage bestimmen den Preis.

Bank Ein Unternehmen, das Geld verleiht und verwaltet. Im Auftrag der Kunden führt die Bank Zahlungen aus und verwahrt deren Wertpapiere.

Bernard de Mandeville (1670 – 1733) Englischer Wirtschaftswissenschaftler holländischer Herkunft, der die menschliche Gesellschaft mit einem Bienenstock verglich. Er war stets der Auffassung, dass der Wohlstand einer Gesellschaft vom Egoismus des Einzelnen abhängt.

Börse Der Markt, auf dem sich interessierte KäuferInnen und VerkäuferInnen von Aktien treffen, heißt Börse. Börsenmakler sorgen dafür, dass die Preise der Aktien sowohl KäuferInnen und VerkäuferInnen zufrieden stellen und beide miteinander ins Geschäft kommen. Heute übernehmen viele Computer die Aufgaben der Börsenmakler. Der Preis einer Aktie an der Börse heißt Kurs. Die Käufer von Aktien werden Anleger genannt.

Dividende Sofern die Geschäfte gut gehen, erwirtschaftet jedes Unternehmen ein Einkommen. Dieses ist der Gewinn des Unternehmens. Wer eine Aktie an einem Unternehmen besitzt, erhält einen Teil dieses Gewinns, die Dividende.

Eigentum Ist eine bestimmte Sache mein Eigentum, so kann ich alleine darüber entscheiden, wie ich mit dieser Sache umgehen werde. Trotzdem bedeutet das noch lange nicht, dass ich mit dieser Sache alles tun kann, was ich will. Gehört einer Person ein Auto, darf sie damit auf der Straße fahren, wohin sie möchte. Sollte die Person aber auf die Idee kommen, mit dem Auto auf Kinderspielplätzen und in Parks herumzufahren, verstößt sie gegen bestimmte festgelegte Regeln, die jeder zu beachten hat. Eigentum verpflichtet und ist an bestimmte Regeln gebunden.

Fairer Handel Wirtschaftliche Beziehungen, die auf Partnerschaft beruhen, nennt man fairer Handel. Jeder Handelspartner macht genau so viel Profit wie der andere und keiner wird übervorteilt.

Geld Geld ist ein Zahlungsmittel, das eine Gemeinschaft zum Tausch gegen Waren und Dienstleistungen vereinbart. Es kommt nicht darauf an, aus welchem Material Geld gemacht wird. Das Wichtigste am Geld ist seine Funktion.

Inflation Wenn das Geld an Wert verliert.

Kapital Vermögen, das jemandem, auch z. B. einem Unternehmen, gehört.

Kollektiveigentum Eigentum, das allen Angehörigen einer Gemeinschaft gleichermaßen gehört.

Markt Der Ort, an dem zu einer festgelegten Zeit Waren angeboten und Waren gekauft werden, heißt Markt. Unter einem Markt verstehen wir einerseits ganz konkrete Märkte wie den Flohmarkt, Wochenmarkt oder Supermarkt, andererseits bezeichnen wir das System aller zur Verfügung stehenden Waren als Markt. Auch der Arbeitsmarkt ist ein Markt, auf dem Arbeit, Arbeitskräfte und Löhne angeboten werden. Auf einem Markt treffen Angebot und Nachfrage aufeinander. Dort werden die Preise verhandelt.

Naturalgeld Gegenstände aus der Natur (z. B. Felle, Tiere, Muscheln und Steine), die als Zahlungsmittel eingesetzt werden, nennen wir Naturalgeld.

Ökonomie Die Lehre vom wirtschaftlichen Denken und Handeln der Menschen.

ÖkonomIn WirtschaftswissenschaftlerIn

Phönizien Das Gebiet an den Küsten des östlichen Mittelmeers, das vor über 4000 Jahren nach seinen Bewohnern, den Phöniziern, benannt wurde. Phönikien oder Phönizien bedeutet so viel wie Purpurland. Heute ist dort Syrien und der Libanon.

Phönizier Die Phönizier waren die ersten Kaufleute, von denen wir etwas wissen. Ihren ausgefallenen Namen erhielten sie von den Griechen. Das griechische Wort „phoinx" bedeutet Rot. So spielt der Name Phönizier auf die purpurrote Farbe jener berühmten Stoffe an, die die Phönizier in aller Welt zum Kauf anboten.

Preis Der in Geld ausgedrückte Wert einer Ware oder einer Handlung.

Privateigentum Das, was einem einzelnen gehört.

Währung Das Geld, mit dem in einem Land oder Gebiet Waren gekauft werden. Jedes Land legt seine eigene Währung fest. Schließen sich mehrere Staaten oder Länder zusammen, um dasselbe Zahlungmittel einzuführen, spricht man von einer Währungsunion.

Wirtschaftswissenschaft Die Wissenschaft, die sich mit den Beziehungen und Handlungen der Menschen beschäftigt, die sich um Geld, Preis, Besitz und dem Verlust von Besitz drehen.

Zinsen Wer Geld ausleiht, muss zusätzliches Geld aufwenden. Das sind die Zinsen. Banken verleihen Geld und verdienen an den Zinsen.

Literaturhinweise

Fourcans, André: Die Welt der Wirtschaft. Lizenzausgabe für die Bundeszentrale für politische Bildung, Campus, Frankfurt am Main, 1998

Giudici, Vittorio: Die Geschichte der Wirtschaft, Omnibus, München, 2000

Iben, Gerd (Hrsg.): Arm und reich sein. Soziales Lernen. Praxishefte für Erzieher, Otto Maier, Ravensburg, 1980

Lietaer, Bernard: Die Welt des Geldes. Das Aufklärungsbuch, Arena, Würzburg, 2000

Neiser, Birgit: Max macht Mäuse. Der Geld-Ratgeber für Kinder, Moses, München, 2000

Samuelson, Paul A. / Nordhaus, William D.: Volkswirtschaftslehre, Ueberreuter Wirtschaft, New York, 1995

Kontaktadressen

Museen

Geldmuseum Paris
Monnaie de Paris
11, quai de Conti
F – 75006 Paris
Tel: 33(0)1 40465666

Geldmuseum der Deutschen Bundesbank
Wilhelm-Epstein-Str. 14
D – 60431 Frankfurt am Main
Täglich (außer Mittwoch) geöffnet von
10 bis 17 Uhr, Mittwoch 13 – 21 Uhr

Geldmuseum der österreichischen Nationalbank
Otto-Wagner-Platz 3
A – 1090 Wien
Dienstags von 15 bis 17 Uhr geöffnet

Fairer Handel

Weltladen-Dachverband
Postfach 100 205
D – 64202 Darmstadt
Tel/Fax 06151 – 537332
Hier gibt es Adressen von Weltläden und Aktionen in der Umgebung des eigenen Wohnortes.

Eine-Welt-Team Versand GmbH
Postfach 11 33
D – 49153 Bohmte
Tel 05471 – 956666
Versand von fair gehandelten Handwerksprodukten. Katalog anfordern.

El Puente GmbH
Hildesheimer Str. 59
D – 31177 Asel/Harsum
Tel 05127 – 98860-0
Importeur von Produkten aus Afrika, Asien und Lateinamerika. El Puente veranstaltet Aktionen zum Fairen Handel.

Gepa mbH
(Gesellschaft zur Förderung der Partnerschaft mit der Dritten Welt mbH)
Bruch 4
D – 42279 Wuppertal
Tel 0202 – 266 83-0
Anbieter von Nahrungsmittel, Genussmittel, Schmuck, Kleidung, Kunsthandwerk und Schreibwaren aus der Dritten Welt. Viele ihrer Produkte gibt es in den Weltläden. Katalog anfordern.

Faire Trade e. v.
Verein zur Förderung von Gerechtigkeit im Welthandel
Bruch 4
D – 42279 Wuppertal
Tel 0202 – 6489-221
http://www.Fairetrade.de

Die Aktionen im Überblick

Aktivitäten und Spiele

Bastelideen

Rezepte

Informationen

Autorin und Autoren

Miriam Schultze

Miriam Schultze wurde 1967 in Neuss am Rhein geboren und verbrachte ihre Kindheit in Münster, Ehingen an der Donau und in Essen. Nach ihrem Ethnologiestudium in Marburg hat sie in Museen, in der Jugendbildung und bei einem Verlag gearbeitet. Inzwischen ist sie Mutter eines kleinen Sohnes, leitet Workshops für Kinder am Frankfurter Museum der Weltkulturen und unterrichtet in der Kindermalschule in Marburg.

Dies ist ihr drittes Buch bei Ökotopia. 1997 erschien „Sag' mir, wo der Pfeffer wächst – eine ethnologische Erlebnisreise für Kinder" und 2000 „Didgeridoo und Känguru – eine Reise durch Australien in Spielen, Liedern und spannenden Geschichten".

Andreas Müller

Andreas Müller wurde 1966 in Herrenberg geboren und ist in Pforzheim aufgewachsen. In Marburg hat er Philosophie und Politikwissenschaft studiert. Er war als Projektleiter beim Marburger Kulturamt und als Redakteur bei einem lokalen Radiosender tätig, bei dem er u. a. die Kinderredaktion betreut hat. Derzeit macht er eine Ausbildung zum Radiojournalist in Bruchsal. Er lebt mit Miriam Schultze und dem gemeinsamen Sohn León in Marburg.

Ulrich Wacker

Ulrich Wacker wurde 1967 in Pforzheim geboren und ist auch dort aufgewachsen. In Gießen, Heidelberg, Göttingen und Konstanz hat er Wirtschaftswissenschaft und Politische Wirtschaft studiert. Er arbeitete am Deutschen Institut für Wirtschaftsforschung in Berlin und ist derzeit wissenschaftlicher Mitarbeiter an der Universität in Konstanz im Fachbereich Wirtschaftswissenschaften. Mit seiner Lebensgefährtin lebt er in Konstanz und Karlsruhe.

Kinder spielen Geschichte

Floerke + Schön

Markt, Musik und Mummenschanz

Stadtleben im Mittelalter

Das Mitmach-Buch zum Tanzen, Singen, Spielen, Schmökern, Basteln & Kochen
ISBN (Buch): 3-931902-43-9
ISBN (CD): 3-931902-44-7

G. + F. Baumann

ALEA IACTA EST

Kinder spielen Römer

ISBN: 3-931902-24-2

Jörg Sommer

OXMOX OX MOLLOX

Kinder spielen Indianer

ISBN: 3-925169-43-1

Bernhard Schön

Wild und verwegen übers Meer

Kinder spielen Seefahrer und Piraten

ISBN (Buch): 3-931902-05-6
ISBN (CD): 3-931902-08-0

H.E. Höfele, S. Steffe

Der wilde Wilde Westen

Kinder spielen Abenteurer und Pioniere

ISBN (Buch): 3-931902-35-8

Wilde Westernlieder und Geschichten

ISBN (CD): 3-931902-36-6

P. Budde, J. Kronfli

Karneval der Kulturen

Lateinamerika in Spielen, Liedern, Tänzen und Festen für Kinder

ISBN (Buch): 3-931902-79-X
ISBN (CD): 3-931902-78-1

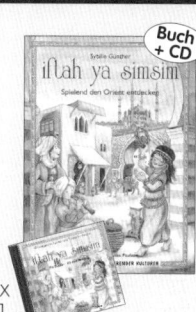

Sybille Günther

iftah ya simsim

Spielend den Orient entdecken

ISBN (Buch): 3-931902-46-3
ISBN (CD): 3-931902-47-1

WELTMUSIK FÜR KINDER

Kinderweltmusik im Internet
www.weltmusik-fuer-kinder.de

H.E. Höfele, S. Steffe

In 80 Tönen um die Welt

Eine musikalisch-multikulturelle Erlebnisreise für Kinder mit Liedern, Tänzen, Spielen, Basteleien und Geschichten

ISBN (Buch): 3-931902-61-7
ISBN (CD): 3-931902-62-5

Gudrun Schreiber, Chen Xuan

Zhong guo ...ab durch die Mitte

Spielend China entdecken

ISBN: 3-931902-39-0

D. Both, B. Bingel

Was glaubst du denn?

Eine spielerische Erlebnisreise für Kinder durch die Welt der Religionen

ISBN: 3-931902-57-9

M. Rosenbaum, A. Lührmann-Sellmeyer

PRIWJET ROSSIJA

Spielend Rußland entdecken

ISBN: 3-931902-33-1

G. Schreiber, P. Heilmann

Karibuni Watoto

Spielend Afrika entdecken

ISBN (Buch): 3-931902-11-0
ISBN (CD): 3-931902-12-9

Miriam Schultze

Sag mir, wo der Pfeffer wächst

Spielend fremde Völker entdecken

Eine ethnologische Erlebnisreise für Kinder

ISBN: 3-931902-15-3

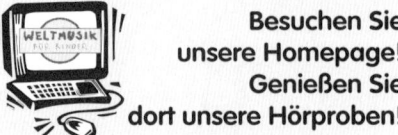